1321

4

CURSO
DE ESPAÑOL
COMO LENGUA
EXTRANJERA

NUEVO ESPAÑOL EN MARCHA

GUÍA DIDÁCTICA

Francisca Castro Viúdez
Ignacio Rodero Díez
Carmen Sardinero Francos

ele
Español Lengua Extranjera

SGEL

Primera edición, 2014

Produce **SGEL – Educación**
Avda. Valdelaparra, 29
28108 ALCOBENDAS (MADRID)

Coordinación editorial: Jaime Corpas
Edición: Ana Sánchez
Diseño de cubierta, interior y maquetación: Verónica Sosa
Corrección: Belén Cabal

Impresión: Service Point S.A.

ISBN: 978-84-9778-727-7

Printed in Spain – Impreso en España

CONTENIDOS

INTRODUCCIÓN

NUEVO ESPAÑOL EN MARCHA 4 es el último de una serie de cuatro tomos que abarca los contenidos correspondientes a los niveles A1, A2, B1 y B2 del *Marco común europeo de referencia*. Al final de este tomo, los estudiantes comprenderán programas de televisión y de radio, así como conversaciones entre nativos. También podrán leer artículos e informes relativos a problemas actuales o prosa literaria contemporánea.

En el uso la lengua hablada, los estudiantes participarán en conversaciones con hablantes nativos con cierta fluidez. También, expresarán sus puntos de vista en debates sobre temas generales y utilizarán para ello conversaciones complejas.

Por último, serán capaces de escribir textos claros y detallados, redacciones e informes transmitiendo información relevante: cartas formales, de reclamación, relato de una vivencia, descripciones.

NUEVO ESPAÑOL EN MARCHA 4 está dirigido a estudiantes jóvenes y adultos que aprenden español, ya sea en un país de habla hispana o en su propio país.

NUEVO ESPAÑOL EN MARCHA 4 contiene doce unidades, una gramática y vocabulario con ejercicios prácticos, además de un apéndice de verbos regulares e irregulares conjugados en los tiempos que se presentan y trabajan en este nivel. Al final del libro del alumno también están las transcripciones de los audios. Junto con el cuaderno de ejercicios y la guía didáctica del profesor, proporciona material para trabajar unas 120 horas de clase. Por su estructura flexible puede utilizarse tanto en cursos intensivos (de tres o cuatro horas diarias) como en cursos desarrollados a lo largo de un año escolar.

NUEVO ESPAÑOL EN MARCHA está basado en una larga experiencia en clases de español e intenta responder tanto a las necesidades de los profesores como a las de los alumnos.

Componentes del libro del alumno

El libro del alumno se compone de:

- 12 unidades de 10 páginas organizadas en cuatro apartados (A, B, C y D) de dos páginas cada uno. Cada apartado constituye una unidad didáctica cuidadosamente graduada, desde la presentación variada de muestras de lengua hasta actividades de producción. A lo largo de cada clase el alumno tiene la oportunidad de desarrollar todas las destrezas (leer, escribir, escuchar y hablar) en una serie de tareas que van desde las más controladas a las más libres.
- Cada dos unidades hay una Autoevaluación que tiene como objetivo repasar, recapitular y consolidar los objetivos de las unidades, y donde se incluye un test con el que el alumno podrá evaluar su progreso según los descriptores del *Portfolio europeo de las lenguas*.

A continuación de las unidades encontramos como material complementario:

- Una valiosa *gramática* y *vocabulario* con *ejercicios prácticos* donde se explica la gramática de uso de cada unidad con un lenguaje claro y accesible a los estudiantes de este nivel. También se recoge el vocabulario agrupado por temas. Por último, hay una serie de ejercicios para la práctica formal de los contenidos.

- Una tabla de verbos regulares y los verbos irregulares más importantes conjugados en los tiempos que se presentan y trabajan en este nivel.
- La transcripción del material audio: el libro del alumno se acompaña de un CD con las grabaciones.

Componentes del cuaderno de ejercicios

El cuaderno de ejercicios tiene como objetivo consolidar la lengua presentada y practicada en el libro del alumno. Se puede utilizar bien como trabajo para casa o bien para practicar más en clase. Está organizado en tres apartados (A, B y C). En cada apartado se practican las diferentes destrezas.

Además, cada dos unidades hay una doble página, *Practica más*, con actividades de refuerzo.

Al final del cuaderno aparecen las transcripciones del material audio, las soluciones de los ejercicios y un vocabulario con las palabras que consideramos más útiles de cada unidad.

Componentes de la guía didáctica

La guía didáctica está pensada para proporcionar a los profesores un abanico de recursos que les permitan hacer la clase más efectiva. A los profesores con experiencia se les ofrece gran cantidad de ideas y material extra de fácil aplicación.

Cada unidad empieza con los objetivos de la unidad y una actividad de precalentamiento *(Antes de empezar)*. A continuación siguen las explicaciones metodológicas de cada actividad del libro del alumno en las que se incluyen notas sobre gramática, funciones comunicativas y aspectos socioculturales, y las soluciones de las actividades. En algunas ocasiones se han incluido ideas extra que aparecen recogidas como *Actividad extra*.

Después de la explotación didáctica de las unidades, hay 6 exámenes fotocopiables (1 cada dos unidades) para evaluar la progresión. Cada examen tiene una puntuación de 100 puntos. Las soluciones aparecen al final de los exámenes.

Línea metodológica

Los estudiantes que han llegado a este nivel disponen de un importante bagaje lingüístico que les permite comunicarse oralmente y por escrito en las situaciones de la vida cotidiana. Asimismo han interiorizado multitud de estrategias que les han permitido alcanzar este nivel, es decir, saben cómo se aprende una lengua extranjera. Pero necesitan, por una parte, afianzar y ampliar el caudal léxico para poder comunicarse con más precisión. Y por otra, la expresión oral, también necesitan desarrollar la fluidez, llegar a expresarse con más seguridad y por supuesto, necesitan conocer más en profundidad las estructuras sintácticas y los conectores del discurso que les permitirán expresar las ideas con más complejidad y exactitud.

En todas las clases suele haber estudiantes con diversos estilos: unos prefieren conocer las reglas gramaticales y analizar cada frase antes de empezar a hablar, y otros, que se lanzan a la producción sin importarles demasiado la correción, fiándose más de su intuición. *NUEVO ESPAÑOL EN MARCHA* pretende atender a todos los estudiantes, dándoles la información necesaria para que comprendan y construyan el sistema gramatical español y, además se proporciona abundante material para que lleguen a tener fluidez. En este nivel ya se le exige al alumno que sea capaz de leer textos de tipología muy variada, todos ellos seleccionados en función de su pertinencia para el aprendizaje del español. En este nivel, todavía hay que cuidar que el estudiante no se desanime con tareas superiores a su competencia y que adquiera confianza en el uso de la lengua.

VOCABULARIO

El estudiante de este nivel posee ya un repertorio léxico que le permite comunicarse en situaciones muy concretas, pero que debe ser consolidado y ampliado. En *NUEVO ESPAÑOL EN MARCHA* se presta especial atención a la adquisición del vocabulario activo fundamental de este nivel. Se presenta el vocabulario nuevo con ayuda de imágenes y se trabaja de forma variada (clasificación, relación), al mismo tiempo que se intenta que el alumno active algunas estrategias (deducción por el contexto, memorización) que le permitan un aprendizaje más eficaz.

También se incluyen muchas lecturas que permitirán a los estudiantes adquirir el vocabulario pasivo.

GRAMÁTICA

En *NUEVO ESPAÑOL EN MARCHA* la gramática se presenta siempre contextualizada, ya sea en una lectura, en conversaciones, en narraciones, en diferentes tipos de texto como recetas de cocina o carteles, anuncios o artículos periodísticos.

Después de la presentación, los cuadros azules con los paradigmas de las formas permiten al estudiante observar los sistemas subyacentes de la lengua. A continuación, las actividades de práctica están cuidadosamente graduadas desde las que son de reconocimiento de formas, hasta las de producción controlada y semilibre. Esta progresión permite al estudiante asimilar gradualmente y sin esfuerzo el sistema formal español y su uso.

Las explicaciones de la *gramática* y las actividades del cuaderno de ejercicios contribuyen a la consolidación.

COMUNICACIÓN

NUEVO ESPAÑOL EN MARCHA 4 presenta las funciones comunicativas correspondientes a este nivel, tanto en conversaciones de situación (*de trabajo*), como a través de la gramática de uso (*estilo indirecto para reclamar*). Ahora bien, el objetivo principal de este curso es que el estudiante sea capaz de "tomar parte activa en debates desarrollados en situaciones cotidianas, explicando y debatiendo sus puntos de vista" (MCER), tanto en la lengua escrita como en la hablada. Presuponemos que el estudiante quiere aprender la lengua para usarla en diferentes contextos, y por eso tratamos de ofrecerle ejemplos y herramientas para que pueda desenvolverse en la vida real.

CONOCIMIENTO SOCIOCULTURAL Y CONCIENCIA INTERCULTURAL

Dada la importancia de la cultura en el aprendizaje de una lengua extranjera, esta se presenta en el apartado D como información útil para el alumno. El objetivo es doble, por una parte, que el estudiante conozca algunos aspectos de la realidad sociocultural del mundo español e hispanoamericano, y por otra, que reflexione sobre las diferencias entre su propia cultura y la hispana. Esta relación le llevará a la conciencia de que existen otras formas de mirar y de clasificar el mundo, diferentes a las que hemos adquirido de niños. Conocer a los otros nos llevará en última instancia a conocernos mejor a nosotros mismos.

LECTURAS

Las lecturas aparecen en el manual con objetivos muy diversos: para presentar la lengua, para practicar la lectura propiamente, para aumentar el vocabulario, para trabajar la gramática. Muchas de ellas están grabadas con el fin de proporcionar también práctica de comprensión oral. Todos los textos son de fuentes auténticas y, a diferencia de cursos anteriores, contienen lenguaje especializado: lenguaje jurídico, artístico, literario, médico, etc., imprescindible para seguir construyendo la competencia lectora.

HABLAR

En coherencia con los objetivos anteriormente expuestos, en todas las unidades didácticas se presentan actividades de práctica oral destinadas a que el estudiante adquiera fluidez, cohesión, riqueza y corrección en su discurso hablado en español.

1 Conocerse mejor

A ¿Eres solidario?

OBJETIVOS
Comunicación: Conocer a los demás.
Gramática: Interrogativos.

ANTES DE EMPEZAR

Esta unidad, por ser la primera, tiene como objetivo servir de revisión de contenidos elementales y al mismo tiempo de presentación y conocimiento entre los estudiantes; de ahí el título general: "Conocerse mejor".

Como tarea introductoria, pídales que se presenten. Además del nombre, y la nacionalidad (si es una clase multicultural), deben hablar un poco de su experiencia de aprendizaje del español: cuánto tiempo han estudiado, dónde, qué tipo de lecturas les gusta, qué autores hispanos conocen y, si usted lo estima conveniente, pueden hablar también de qué es lo que encuentran más difícil del español o qué tipos de actividades en clase les gustan más.

HABLAR Y ESCUCHAR

1 Dígales que miren las fotografías y reflexionen un poco: ¿Qué piensan de las personas que dedican su vida o parte de su tiempo a ayudar a los demás?

- Se trata de que cada uno exprese su opinión para perder el miedo y al mismo tiempo, para que usted evalúe y conozca a sus nuevos alumnos. Aproveche el tema para que los alumnos digan si han colaborado alguna vez con una ONG como voluntarios y cuenten su experiencia.
- Recuérdeles que ONG (Organización no gubernamental) se lee *oenegé*.

2 Actividad controlada para conocer a los compañeros y repasar aspectos gramaticales del español. Individualmente leen las preguntas y las completan con la palabra que falta. Lea el ejemplo con ellos.

3 Ponga la grabación una o dos veces, si es necesario, para que comprueben si las preguntas de la actividad anterior son correctas. Aclare las dudas.

SOLUCIÓN

1 ¿Por qué estudias español? **2** ¿Cuánto tiempo hace que estudias español? **3** ¿Qué aspecto te resulta fácil al estudiar español? **4** ¿Qué te resulta más difícil? **5** ¿Qué país te gustaría visitar? **6** ¿Qué programas de la tele te gustan más? **7** ¿Qué comidas prefieres? **8** ¿Cuál es tu actor/actriz favorito/a? **9** ¿Qué periódico/revista lees normalmente? **10** ¿Qué tipo de música escuchas normalmente? **11** ¿Cuántas veces vas al cine en un mes? **12** ¿Te gusta el fútbol? **13** ¿Practicas algún deporte o ejercicio físico? ¿Cuál? **14** ¿Cuál es tu actividad preferida en tu tiempo libre?

4 Actividad de interacción oral. Déjeles tiempo para que hagan las preguntas de la actividad 2 al compañero. Cuando hayan terminado, pregúnteles a algunos los resultados de su encuesta. Si son demasiados alumnos, agrúpelos de cuatro en cuatro, de tal forma que cada pareja le cuenta a la otra las respuestas de su compañero.

ACTIVIDAD EXTRA

Para crear cohesión en el grupo y afianzar el dominio del español, sería interesante que abrieran un foro en internet, para que los estudiantes estuvieran en contacto, tanto para dudas de clase como para planes de ocio u otras cuestiones.

GRAMÁTICA

El cuadro gramatical sirve de recordatorio del funcionamiento de los pronombres interrogativos que en este nivel todavía puede presentar algún problema, sobre todo en el uso de *qué* y *cuál*. Lea los ejemplos con ellos y recuérdeles que el pronombre *cuál* no puede ir seguido de nombre.

- Ver pág. 140 del libro del alumno.

5 Actividad controlada para practicar los interrogativos *qué* y *cuál*. Individualmente leen las frases y subrayan el pronombre adecuado. Deje tiempo para ello y corrijan entre todos.

SOLUCIÓN

1 Qué / Cuál **2** Qué **3** Cuál **4** Cuál **5** cuál **6** Qué **7** Qué **8** Cuál **9** Qué

ACTIVIDAD EXTRA

Como tarea para casa, propóngales que escriban cinco frases con *qué* y cinco con *cuál*. Se corrigen en pequeños grupos.

LEER Y HABLAR

6 Siguiendo la discusión que se planteaba al principio sobre la solidaridad, dígales que lean el cuestionario y se respondan ellos mismos. Sería interesante que cada uno analice las respuestas que ha dado y por qué. Los otros pueden hacerle preguntas, con mucha prudencia, ya que puede haber culturas en las que hablar de determinados temas personales no sea habitual. De todas maneras, en este nivel deben saber que en la cultura hispana sí es aceptable hablar de temas personales incluso con personas a las que no se conoce mucho.

- Cuando hayan terminado, haga un sondeo para saber si sus alumnos son solidarios o no. Comenten lo que más les haya llamado la atención.

B Aprender de la experiencia

OBJETIVOS

Comunicación: Contar una biografía.
Gramática: Revisión de los pasados.

ANTES DE EMPEZAR

Siguiendo con la revisión de contenidos, se presentan en este apartado los usos de los tiempos del pasado de indicativo: pretérito indefinido, pretérito perfecto y pretérito imperfecto.

Para activar el tema, escriba en la pizarra el título de la sección: *Aprender de la experiencia* y haga una rápida lluvia de ideas al respecto.

LEER

1 Para empezar, dígales que cuenten algún recuerdo que se les haya quedado muy grabado. Pueden contar también una anécdota, un día de cumpleaños, un pequeño accidente, etc. Deje tiempo para que lo preparen, incluso para que tomen notas, y haga que participe el mayor número de alumnos.

2 Antes de leer la biografía de este joven bailarín, dígales a los alumnos que piensen en un personaje famoso para ellos, relativamente joven. Y entre todos escriben la biografía en la pizarra, solo los datos más esenciales: ¿Dónde y cuándo nació?, ¿Qué estudió? y deténgase en sus experiencias "vitales", es decir: ¿Qué ha hecho para ser famoso?, ¿Ha ganado medallas/premios/concursos? Ha metido goles?, ¿Se ha casado o no?, etc.

- Déjeles que lean el texto y haga otras preguntas de comprobación de la lectura: *¿Qué profesión tenían sus padres?*
- Durante la corrección, en el caso de que las afirmaciones sean falsas, pídales las correctas.
- También puede pedir a un estudiante que haga un resumen oral de la vida de Jesús Pastor, centrándose en las cosas que ha hecho hasta ahora y las que no:
  - *Ha fundado una compañía de* ballet *y ha viajado por todo el mundo.*
  - *No ha ido a ninguna boda, no ha votado, no ha tenido novia.*

SOLUCIÓN

a Verdadero.
b Falso. (Lo matricularon en una escuela de *ballet*)
c Falso. (Su padre estuvo en paro dos años)
d Falso. (Ha sido bailarín en el Scottish Ballet y en el American Ballet Theatre)

3 Déjeles tiempo para releer el texto, fijándose ahora en los tiempos del pasado, y subrayando bien con líneas o con colores diferentes el pretérito perfecto y el pretérito indefinido.

- Pídales también que subrayen el pretérito imperfecto en el texto de Jesús Pastor.

SOLUCIÓN

1 Pretérito indefinido 2 Pretérito imperfecto
Pretérito indefinido: se equivocaron / matricularon / nació / se quedó / pasaron / empezó / permaneció / pasó / fundó
Pretérito perfecto: ha demostrado / ha sido / ha estrenado

GRAMÁTICA

Se presentan los valores de los pasados referentes a la norma del español peninsular. Estos valores no coinciden con el español de América y tampoco con algunos usos del español peninsular, por ejemplo, de Galicia.
Incluso con la norma que manejamos, y ya en este nivel de aprendizaje, no se puede asegurar unas divisiones claras e inequívocas en el uso de uno u otro tiempo. Hablaba un ilustre gramático, Lázaro Carreter, de un pretérito perfecto "psicológico", en el sentido en que un evento pasado puede acercarse al presente (y enunciarlo en pretérito perfecto) porque el hablante lo siente así. Así, son posibles construcciones como *Ayer me he pasado todo el día en el hospital con Rosa.*
No obstante, por razones didácticas, aquí intentamos presentar los usos generalizables del español de España.

- Ver pág. 140 del libro del alumno.

4 Actividad para practicar los tres pasados de indicativo en español. Haga que los alumnos, individualmente, lean la entrevista y la completen en el tiempo correcto con los verbos entre paréntesis. Espere a que terminen todos y corrija en grupo.

SOLUCIÓN

naciste / empezaste / tenía / practicas / practico / Has bailado / bailas / Has ganado / gané / Has pensado / he pensado

5 Ponga la grabación una vez para que comprueben y corrijan. Comenten entre todos las posibles dudas en el uso de los pasados.

ACTIVIDADES EXTRA

- Pídales que escriban su propia biografía.
- Haga que escriban en parejas la biografía de un personaje joven y famoso del momento; puede ser artista, deportista, actor, etc. Dígales que se inventen experiencias que ellos creen que su personaje ha tenido.

ESCRIBIR Y HABLAR

6 La actividad siguiente puede hacerse tal cual indican las instrucciones: escribiendo una lista de actividades que los estudiantes han realizado a lo largo de su vida, o experiencias que han tenido, y otra lista de actividades que todavía no. Si son muy jóvenes, quizás no tengan muchas ideas, así que puede decirles que escriban ocho o diez actividades imaginarias. Luego se puede hacer una votación sobre las que les han parecido más imaginativas.

7 Actividad controlada para practicar los tiempos del pasado. Haga que lean la entrevista al pintor Sebastián Martínez y que la completen con los verbos entre paréntesis en la forma adecuada. Para la corrección, pida a dos voluntarios que la lean.

SOLUCIÓN

1 es **2** estoy **3** expuse **4** cumplo **5** trabajo **6** ha querido **7** tenía **8** Quería **9** saqué **10** hice **11** trabajé **12** obligó **13** decidió **14** Dibujó **15** expuso **16** Obtuvo **17** se fue **18** estuvo **19** Estuve **20** soñaba **21** me fui **22** Descubrí **23** conmocionó **24** tenía **25** me sentía

ESCUCHAR

8 Antes de empezar explíqueles bien en qué consiste la actividad. Primero van a escuchar el planteamiento de un problema y se les van a dar cuatro opciones y ellos tendrán que elegir con cuál se identifican más. Usted debe parar ahí la grabación y pedirles que escriban su opción, si han entendido el problema. O poner otra vez el planteamiento del problema. No deben escuchar la resolución del problema hasta que todos hayan tomado una opción. Luego, mientras escuchan la resolución, verá que hay momentos de sorpresa, y algún sonrojo porque parece que estén hablando de ellos.
Al terminar, pregúnteles: *¿Estáis de acuerdo?, ¿Creéis que ha acertado?* Es un momento para la introspección.

C Una época para recordar

OBJETIVOS
Comunicación: Describir épocas pasadas.
Gramática: Pretérito imperfecto.

ANTES DE EMPEZAR

Antes de pasar a la lectura del artículo "Mujeres españolas, cómo vivían en 1898", pregunte a sus estudiantes sobre una época pasada. Puede ser hace 100 años u otra época, según el contexto histórico de sus alumnos. Puede preguntarles sobre la vida en general o sobre un aspecto concreto: los derechos de las mujeres o la vida de la ciudad, etc.

LEER

1 Actividad de interacción oral donde los alumnos dan su opinión sobre si la vida de sus abuelos era mejor o peor que la suya y lo argumentan. Haga que participen todos los estudiantes. Si lo cree conveniente, pida un voluntario para que modere y dé el turno de palabra.

2 Se presenta un artículo periodístico que describe una época: la de finales del siglo XIX. Se considera que el año 1898 fue un año especialmente relevante debido a la pérdida de la última "colonia" de España en América: Cuba. Este acontecimiento histórico dio lugar a una crisis por lo que suponía el fin del gran imperio que habían comenzado a construir los Reyes Católicos y que llegó a su auge con su nieto, Carlos I. Este año dio nombre también a la "Generación del 98", grupo de escritores e intelectuales que acusaron la crisis de la decadencia española y la reflejaron en sus obras.

- Deles tiempo para leer el artículo y señalar las afirmaciones verdaderas o falsas.
- Una vez que han comprendido bien el texto pregúnteles si piensan que en su país era igual la situación o diferente. Es una forma de que los estudiantes reflexionen sobre su propia historia.
- Si el grupo está interesado en el tema, anímelos a que busquen más información en internet y lo presenten al resto de sus compañeros.

SOLUCIÓN

1 Falso. (La mayoría de la población vivía en el campo) **2** Falso. (El 70% de las españolas se casaban entre los 16 y los 23 años) **3** Falso. (En el campo se trabajaba de sol a sol) **4** Verdadero. **5** Falso. (El Código Civil de finales del siglo XIX permitía a las mujeres trabajar, pero les prohibía tener puestos de responsabilidad o votar) **6** Verdadero. **7** Falso. (Las clases dirigentes disfrutaban de los últimos adelantos pero las clases trabajadoras vivían en muy malas condiciones)

3 En esta actividad se retoman algunos términos aparecidos en el artículo de la actividad anterior para ser utilizados en otro contexto. Antes de completar las frases haga una ronda para que definan las palabras del recuadro, bien con una definición, poniendo un ejemplo, o buscándolas en el texto de la actividad 2. Se corrige con todo el grupo.

SOLUCIÓN

1 herencia **2** subsiste **3** Derechos **4** analfabetas **5** salario **6** la mayoría de edad **7** consentimiento **8** votar **9** secundaria

COMUNICACIÓN

En el cuadro se presentan algunos marcadores del pasado que normalmente se utilizan con pretérito imperfecto. Entre todos completen la lista con otros marcadores y pongan más ejemplos.

HABLAR

4 Esta actividad sirve de introducción a la siguiente, de interacción oral. El objetivo es que describan cómo era su vida cuando tenían diez años. Sería bueno que se centraran en un solo aspecto y lo desarrollaran. Solo tienen que escribir unas notas de sus recuerdos.

ACTIVIDAD EXTRA

Como tarea para casa, pídales que escriban frases comparando su aprendizaje del español cuando empezaron y ahora. Al inicio de la siguiente sesión se comenta entre todos.

5 Dígales que, con las notas que han tomado en la actividad anterior, tienen que comentar con sus compañeros un aspecto de su vida a los diez años: pueden centrarse en el barrio, el ambiente, el colegio, un familiar, etc.

ESCRIBIR

6 Se trata de que elaboren un informe de unas 150 palabras que describa las condiciones laborales de su país a principios del siglo xx. Si los estudiantes son de diferentes países, tendrán que hacerlo individualmente. Para ayudarlos, dígales que tienen que pensar en cuál es la producción más importante de su ciudad/país: agricultura (maíz, trigo, cebada, etc.), industria (¿cuál?) y luego deben imaginar cómo vivían los que se dedicaban a ello.

- Cuando tengan terminados los informes, haga que los intercambien con otro grupo para su lectura y corrección.

D Comunicación y cultura

OBJETIVOS
Hablar y escuchar: Hablar del pasado.
Leer: El *spanglish*.
Escribir: Un correo electrónico personal.

HABLAR Y ESCUCHAR

1 Explique a los estudiantes que van a escuchar una conversación entre Carlos y su nieto Juan en la que hablan de un viaje que hizo Carlos con su abuela a Italia. Ponga la grabación para que escuchen a la vez que leen el diálogo. Para practicar la entonación, pida dos alumnos voluntarios para que lean la conversación.

SOLUCIÓN

Lo más divertido fue cuándo se les estropeó la furgoneta cruzando los Alpes.

COMUNICACIÓN

Lea con los alumnos las estructuras del recuadro para hablar del pasado y haga que las busquen en el diálogo de la actividad anterior para verlas contextualizadas.

2 Actividad de repaso de los tiempos del pasado. Individualmente, los alumnos leen los microdiálogos y los completan con el verbo adecuado. Se corrige con todo el grupo.

SOLUCIÓN

1 estuve / has visitado
2 pasaste / pase / hiciste
3 Has visto / fui / viste
4 ibas / eras / Iba / Iba

3 Actividad de interacción oral. Tomando como modelo el diálogo de la actividad 2, en parejas, elaboran un nuevo diálogo que luego reproducirán ante otra pareja. Pasee por las mesas para aclarar las posibles dudas.

4 Actividad de comprensión auditiva. Antes de escuchar, leen las preguntas; después escuchan sin pausas, anotan las respuestas y vuelven a escuchar la conversación para verificarlas.

SOLUCIÓN

1 En los años cincuenta, los jóvenes iban a bailar a una sala de baile.
2 Se presentaban los novios a la familia enseguida y poco después se casaban.
3 Alicia no entiende nada de nuevas tecnologías.
4 A Ana le gusta mucho su forma de vestir y sus peinados.
5 A veces se enfada cuando ve la televisión por las palabrotas y las escenas de violencia que aparecen constantemente.
6 Le parece muy bien que las mujeres estudien y trabajen, y que no se casen tan pronto.
7 Dice que los jóvenes tienen que ser lo más agradables y educados posible con la gente mayor.

LEER

1 Se presenta el fenómeno del *spanglish* que puede resultar interesante tanto desde el punto de vista sociológico como lingüístico.

- Haga la pregunta a toda la clase para recoger las primeras impresiones sobre el fenómeno. Quizás no sepan del *spanglish*, pero sí del portuñol, o del itañol, que serían las interlenguas correspondientes a portugueses e italianos hablando en español. Pregunte si les preocupa o no.

2 Una vez leído el texto, recoja las diferentes opiniones sobre el fenómeno del *spanglish*.

3 En esta actividad tienen que traducir al español las frases del *spanglish*. Pueden hacerlo en pequeños grupos. Para ayudarlos proporcione algún diccionario o glosario. Se corrige en grupo abierto.

SOLUCIÓN

1 Se entregan mercancías a domicilio.
2 Me llegó la carta verde ayer y estoy muy contento.
3 A Mary le tocó la lotería.
4 Te llamo luego.
5 Va a presentarse a presidente.
6 Necesitamos una mangera para regar el césped.

4 Esta última actividad pueden hacerla en parejas.

SOLUCIÓN

1 i (de *building*) **2** j (de *chat*) **3** f (de *shop*) **4** d (de *freezer*) **5** g (de *market*) **6** b (de *plomb*) **7** e (de *delivery*) **8** c (de *enjoy*) **9** h (de *print*) **10** a (de *lady*)

ESCRIBIR

Este apartado está dedicado a desarrollar la expresión escrita, concretamente un correo electrónico personal. En los correos y cartas personales no suele haber fórmulas fijas, sobre todo cuando los corresponsales son muy amigos. No obstante, a veces nos vemos obligados a un tipo de correspondencia semiformal en la que se deben respetar un mínimo de formulismos.

1 Esta primera actividad sirve para recordar algunas de las fórmulas más frecuentes. Si lo desea, puede ampliar el abanico con otras que ellos conozcan.

SOLUCIÓN

Correo pesonal: Querida Carmen / Un beso / Un abrazo / Hola, Luis.
Correo formal: Atentamente / Muy señor/a mío/a / Estimado/a señor/a / Un saludo formal.

2 Después de que lean y ordenen los párrafos, analice con ellos cada párrafo del correo electrónico.

SOLUCIÓN

1 A **2** D **3** F **4** B **5** E **6** C **7** G

1 A Saludo.
2 D Introducción. Explicación de la carta, puesto que hacía tiempo que no se veían/escribían.
3 F – B Situación personal. Hace historia de los años transcurridos. Este apartado es necesario como justificación principal de la carta.
4 E Petición de ayuda y consejo.
5 C Fórmula de cierre. Destaque el uso de *Bueno*, (*En fin*,...).
6 G Despedida.

3 Después del análisis realizado, el objetivo de la carta resulta evidente: Pedir consejo y ayuda sobre la posibilidad de un trabajo en la ciudad del destinatario.

4 Se le ofrecen dos posibilidades de tareas. Cada estudiante escogerá una u otra en función de su situación personal y sus preferencias.

EJERCICIOS PRÁCTICOS (pág. 141)

1 **1** Dónde / f **2** Cuál / l **3** Qué / h **4** Cuántos / j **5** Qué / g **6** cuál / i **7** Qué / e **8** Qué / d **9** Cuántas / k **10** Dónde / f **11** qué / b **12** Cuánto / c

2 **1** Lo que me dijo Isa no te lo puedo contar. **2** No me han dicho cuánta gente vendrá. **3** No sabe cómo se llama su vecino. **4** Podemos ir el lunes o el martes, como quieras. **5** Todavía no he decidido cuál comprar.

3 **1** Habéis hecho **2** llamó **3** llegaste **4** Has visto / he ido **5** has aprendido / Empecé / seguí **6** Has salido / salía / trabajaba

4 **1** he dejado **2** presté **3** han gustado **4** has llevado / he llevado **5** has invitado **6** pusiste **7** olvido **8** me pidió **9** estropeó **10** he vuelto

2 El futuro que viene

A Objetos imprescindibles

OBJETIVOS
Vocabulario: Léxico de nueva tecnología.
Comunicación: Describir objetos.

ANTES DE EMPEZAR
Lleve a clase fotografías de objetos antiguos y de objetos modernos. Puede utilizar las imágenes de la unidad 2 del *Cuaderno de ejercicios* y cualquier folleto de publicidad de algún centro comercial. Pregunte a los alumnos si conocen el nombre de esos objetos en español (*un botijo, un mortero…*) y si les parecen útiles o no. De esta forma se empezará a hablar de objetos, su descripción, su utilidad, si han cambiado a lo largo del tiempo, etc.

HABLAR

1 Puede realizarse la actividad en parejas y después hacer una puesta en común en la que cada estudiante exponga la opinión de su compañero. De esta forma se podrán contrastar dos opiniones para que el resto de la clase aporte su opinión al respecto.
Se puede nombrar un moderador que salga a la pizarra para que vaya anotando los objetos y marcando con una equis (X) si los consideran imprescindibles o no.

2 Actividad de léxico de nueva tecnología. Individualmente relacionan el nombre de los objetos (columna superior) con sus definiciones (columna inferior). Corrija con todo el grupo.
- Llame la atención sobre las estructuras que se utilizan para describir un objeto: oración de relativo (*que* + indicativo) y oraciones finales (*para* + infinitivo).

SOLUCIÓN
1 g **2** d **3** a **4** h **5** e **6** b **7** i **8** f **9** c **10** j

ACTIVIDAD EXTRA
Tomando como modelo las definiciones de los objetos, anime a los estudiantes a que piensen en cinco aparatos tecnológicos (tableta, mp3, DS, play) y escriban una definición. Luego se van diciendo las definiciones y el resto tiene que adivinar.

COMUNICACIÓN
En este cuadro se sistematizan las estructuras que normalmente se utilizan para describir y definir un objeto. Para practicar, nombre algún objeto que haya en el aula y pida a un voluntario que lo describa.
- Ver pág. 142 del libro del alumno.

3 Este ejercicio puede tener una primera parte en la que se puede preguntar a los estudiantes quién tiene en casa un mando a distancia, unos auriculares, un enchufe, etc. y para qué lo/la utiliza. Se pueden ir apuntando en la pizarra estas estructuras: *sirve para, lo utilizo para, su misión es*, etc. Finalmente, cada estudiante escribe en un papel la definición más completa que pueda de uno de los cinco objetos.

SOLUCIÓN
1 Aparato que sirve para regular a distancia la conexión, interrupción, volumen, etc., de un receptor.
2 Aparatos que sirven para, una vez colocados en los oídos, recibir a través de ellos el sonido procedente de un receptor distante.
3 Aparato cuya misión es captar las ondas electromagnéticas.
4 Aparato de contacto que sirve para establecer una conexión eléctrica.
5 Electrodoméstico que se emplea para aspirar el polvo y la suciedad.

4 Esta actividad se puede hacer en parejas, como sugiere la instrucción, o se pueden meter todas las definiciones en una caja y que cada estudiante vaya cogiendo un papel y leyendo la definición. El resto de la clase tendrá que averiguar de qué objeto se trata.

LEER

5 Los alumnos leen el texto individualmente sobre los libros electrónicos y aclare las dudas que surjan. Se puede establecer un debate que trate acerca de las ventajas y desventajas sobre los libros electrónicos.

- Todos los textos son útiles para aprender léxico nuevo. Puede aprovechar esta circunstancia realizando actividades de vocabulario con las palabras que en cada ocasión le resulten más rentables o adecuadas según la lengua de procedencia de sus alumnos.

6 Deje tiempo para que, individualmente, lean las circunstancias de los lectores propuestos y piensen si les aconsejaría o no un libro electrónico. Luego haga una puesta en común para que se comenten. Aproveche para sondear si ellos utilizan o no el libro electrónico, desde cuándo, etc.

ESCUCHAR

7 Actividad de comprensión auditiva. Explique que van a escuchar un audio en el que tres personas, Lucía, Marcos y Elena, hablan sobre los móviles. A continuación, deben decir con cuál de las opiniones propuestas relacionan a cada uno. Después se pueden poner las respuestas en común, en grupos, y establecer un debate de cuál es la opinión con la que se identifican más y por qué.

- *Peter: ¿Para qué utiliza fundamentalmente Lucía su móvil?* ¿Y tú, para qué lo utilizas?

SOLUCIÓN

1 Lucía **2** Elena **3** Marcos **4** Marcos **5** Lucía **6** Elena

8 Los alumnos escuchan de nuevo la grabación y responden individualmente a las preguntas. Puede ir preguntando a cada estudiante una de las preguntas para la correción.

SOLUCIÓN

1 Para hablar con sus hijos. **2** Son pequeños, tienen tres y cinco años. **3** Es un adicto al móvil. **4** Lo utiliza constantemente. **5** Es enemiga de los móviles. **6** Que el móvil de alguno de sus alumnos suene en clase.

HABLAR

9 Lleve a clase, bien en papel, o bien mediante una proyección, el ejemplo de algún foro en el que se opine acerca de los móviles. Después divida la clase en grupos y cada uno tendrá que dar su opinión acerca de las cuatro preguntas que aparecen en la actividad. Puede pedir a cada grupo que prepare un par de preguntas más relacionadas con los móviles para hacer al resto de grupos. (*¿Podríais vivir sin móvil?, ¿Cómo creéis que se las arreglaban vuestros padres y abuelos sin él?*)

B La casa del futuro

OBJETIVOS

Vocabulario: Léxico del hogar.
Comunicación: Expresar probabilidad con futuro.
Gramática: Futuro imperfecto y futuro perfecto.

ANTES DE EMPEZAR

- En este apartado se profundiza en el conocimiento del vocabulario específico de la casa. En función de los intereses de sus alumnos, puede dedicarle más o menos tiempo al tema. No obstante, los términos están escogidos entre los más útiles y rentables para un aprendiz de este nivel.
- Lleve a clase fotografías de revistas o de folletos publicitarios en los que aparezcan fotos de cocinas, salones, habitaciones, etc. Invite a los alumnos a poner en común el vocabulario que conocen de muebles u objetos que aparecen en las fotos; mientras, anote todo este vocabulario en la pizarra. Puede hacer columnas de las diferentes habitaciones.

HABLAR

1 Actividad de léxico del hogar. Deje unos minutos para que, individualmente, identifiquen el léxico de los recuadros con el objeto correspondiente. Corrijan entre todos.

2 Invite a los alumnos a coger un papel en blanco. Lleve a clase un reloj de arena y deles treinta segundos para escribir, *a. tres cosas en la cocina que puedas fregar*, otros treinta segundos para escribir, *b. tres cosas en el salón en las que te puedas sentar*... y así hasta completar la actividad. Después se pone en común todo el vocabulario.

SOLUCIÓN

a sartén, escurridor, cazo **b** sillón, silla, sofá
c cazo y cazuela, para hervir, sartén para freír
d lámpara de mesa, horno, placa vitrocerámica
e mando a distancia **f** batidora

3 Individualmente realizan el ejercicio y se corrige en común.

SOLUCIÓN

1 en el frigorífico **2** en la sartén **3** en el horno **4** en el congelador **5** en el fregadero **6** en el tostador

ACTIVIDAD EXTRA

Divida la clase en cuatro grupos, asígneles a cada uno una instancia: COCINA, BAÑO, DORMITORIO, SALÓN COMEDOR y pídales que escriban cinco frases diciendo dónde pondrían... A continuación se lo intercambian con otro equipo para que lo completen.

4 Puede hacer las preguntas a los estudiantes en clase, antes de leer el texto. Se pueden ir haciendo conjeturas acerca de cómo serán las casas en el futuro. Después cada estudiante lee individualmente el texto y comprueba si sus conjeturas eran ciertas o no. Ahora se vuelven a contestar nuevamente las preguntas entre todos.

- Una vez que ha comprobado la comprensión del texto, aproveche para incrementar el vocabulario: pregúnteles si conocen el significado de algunas palabras como *delantal* o *cisterna del retrete*.
- Haga hincapié en los tiempos verbales que aparecen en el texto para que los alumnos expliquen el porqué del futuro y del futuro perfecto.

SOLUCIÓN

1 La casa del futuro será pequeña. **2** No habrá mármol en las casas ni pisos de madera, los materiales serán sintéticos. **3** Porque la información se transferirá por internet. **4** Además de servir como ordenador, videojuegos y televisión, serán un simulador de paisajes externos. **5** La casa se ocupará de su autolimpieza. El sistema de aire acondicionado reciclará el aire y limpiará el polvo. Las tapicerías serán antiadherentes y repelerán en gran medida la suciedad.

ESCUCHAR Y HABLAR

5 y **6** Antes de escuchar la grabación y responder a las preguntas, puede preguntar a los alumnos qué creen que van a contestar estas personas. Ahora deben decidir qué creen que es lo que más valorarán de su casa, en qué rincón de su hogar se sentirán más a gusto o qué les gustaría que tuviera su casa que ahora no tiene.
Guíe a los alumnos para que utilicen el futuro de probabilidad: *Yo creo que será una persona poco hogareña y que pasará mucho tiempo fuera de casa, así que su lugar favorito de la casa será*... Después escucharán la grabación y cotejarán sus respuestas con las de ellos. Si lo considera necesario, distribuya la transcripción, pág. 172 del libro del alumno. Finalmente, en grupos, responderán a las mismas preguntas que Ana Moreno y Pablo Lorenzo.

ACTIVIDAD EXTRA

Pida a sus alumnos que escriban un párrafo sobre las preguntas de la actividad 5, hablando de sí mismos y su casa.

GRAMÁTICA

El cuadro 1 tiene como fin presentar la forma del futuro perfecto, cuyos usos más frecuentes van a ver y practicar. Lea con los alumnos la formación y los usos de este tiempo verbal y ponga más ejemplos.

- Ver pág. 142 del libro del alumno.

7 Cada alumno debe hacer de forma individual esta actividad y corregir entre todos. ¡OJO! En la frase 2 son posibles las dos opciones. Pregúnteles a los alumnos cuál es la diferencia de significado entre ellas. (Con el verbo en futuro está hablando de una predicción y será en ese momento *(dentro de cincuenta años)* cuando ocurrirá el hecho. Con el verbo en futuro perfecto se expresa que el hecho ocurrirá antes de esa fecha, pues para entonces el fenómeno estará totalmente acabado).

SOLUCIÓN

1 habré llegado **2** habrán desaparecido / desaparecerán **3** prohibirá **4** haré **5** habrá avanzado

8 En parejas relacionan las dos columnas. Cuando hayan terminado, cada pareja corregirá un diálogo. Después, también en parejas, deberán escribir dos o tres diálogos similares en los que hagan suposiciones. Finalmente, cada pareja irá interpretando sus diálogos delante del resto de la clase.

SOLUCIÓN

1 c
2 d
3 a
4 b
5 e

9 Actividad semicontrolada para practicar el futuro de probabilidad. Individualmente completan con suposiciones las situaciones dadas y se corrige en clase abierta.

SOLUCIÓN

1 Estará enfermo. **2** Tendrán una fiesta. **3** Se habrán ido al cine. **4** Estarán cocinando. **5** Habrán ensayado mucho. **6** No creo, saldrán tarde (o habrán salido) tarde como siempre. **7** Habrán salido a dar un paseo.

C Me pone nerviosa que Luis no sea puntual

OBJETIVOS

Vocabulario: Léxico de aparatos eléctricos.
Comunicación: Expresar sentimientos y opiniones.
Gramática: Uso del subjuntivo para hablar de sentimientos.

ANTES DE EMPEZAR

Para introducir el tema de expresar sentimientos, escriba en la pizarra: *Me pone nerviosa que...* y pregunte a sus alumnos qué les pone nerviosos.

1 y **2** Invite a los alumnos a visitar la siguiente página web: www.maitena.com.ar. Lleve un ordenador a clase y proyecte esta página en una pantalla. En esta página web aparece la bibliografía de Maitena, más ejemplos de sus tiras cómicas, etc.
Leen la historia que aparece en el libro y completan la actividad 2. Después, puede explicar qué tipo de humor hace Maitena. Aclare que Mafalda es argentina y que la historia se refiere a su país.

- La expresión *Nosotros no lo importamos más* es típicamente argentina (en español = *Nosotros ya no lo importamos*). *No te mosquees* es una expresión, viene de *mosquearse*, (de mosca) = Responder vivamente a una cosa, como sintiéndose ofendido o herido por ella, enfadarse.

HABLAR

3 A continuación, se puede establecer un debate contrastando lo que creemos que le molesta, le pone nerviosa o le saca de quicio a Maitena con nuestros propios sentimientos.
Escriba en la pizarra *Antes a mí me molestaba que...* y pida a los estudiantes que escriban cada uno un par de cosas que les molestaba en el pasado. Luego haga que lea cada uno lo que ha escrito y anótelo en la pizarra para ver si han asimilado el hecho de que deben utilizar el pretérito imperfecto de subjuntivo, cuando la subordinada tiene un sujeto diferente:
A mí me molestaba que (yo) no aprobara el examen.
Cuando el sujeto es el mismo, se utiliza el infinitivo:
A mí me molestaba no aprobar en los exámenes.

GRAMÁTICA

En el cuadro se presentan estructuras para expresar sentimientos y opiniones con el verbo principal en presente y en pasado. Léalo con ellos y vaya nombrando a diferentes alumnos para que digan ejemplos con alguna de las expresiones presentadas.

- Ver pág. 142 del libro del alumno.

4 Actividad controlada para practicar las expresiones anteriores. Individualmente reescriben las frases y se ponen en común con toda la clase.

SOLUCIÓN

1 Me sacaba de quicio que no me avisara cuando no venía a cenar. **2** A mi padre no le gustaba que yo saliera por la noche. **3** Nos daba pena que Pedro durmiera tan pocas horas. **4** Me ponía nervioso que el ruido de las obras no me dejara dormir. **5** Les molestaba que los vecinos pusieran la música tan alta. **6** Cuando vivíamos en el campo, nos gustaba que los pájaros cantasen junto a la ventana. **7** A mi marido le saca de quicio que nuestros hijos sean tan inquietos. **8** Al profesor le molestaba que mis compañeros no hicieran los deberes.

ESCUCHAR

5 Actividad de comprensión auditiva en la que Sara y Andrés hablan de lo que les molestaba y les gustaba de sus vacaciones en familia. Antes de poner la grabación, deje tiempo para que lean las preguntas. Después póngala una vez para que anoten las respuestas de las cuatro primeras preguntas y una segunda vez para las cinco últimas. Se corrige entre todos.

SOLUCIÓN

1 A su padre le gustaba ir de *camping* a una buena playa. **2** No le importaba el tiempo que hiciera. **3** Que el *camping* estuviera muy lleno. **4** Que los vecinos fueran ruidosos. **5** Que sus hijos durmieran muchos días en el suelo. **6** Iban siempre al mismo hotel. **7** Que tuvieran que comer todos los días en el mismo sitio y a la misma hora. **8** Que se acabaran las vacaciones. **9** Unas veces van de *camping* y otras de hotel.

HABLAR

6 Anímelos para que piensen en sus vacaciones. El objetivo de la actividad es practicar oralmente las estructuras vistas hasta aquí. Pasee entre los grupos y vigile la corrección de las producciones. Es importante que interioricen el uso del pretérito imperfecto de subjuntivo. Corrija la pronunciación y sobre todo, la sílaba tónica, pues en esta etapa habrá bastantes vacilaciones, de modo que algunos estudiantes tenderán a pronunciarlo como el futuro (*hablara* /*hablará*).

VOCABULARIO

7 Cada alumno, de forma individual, tiene que pensar en un aparato eléctrico imprescindible para él. A continuación tiene que ir diciendo su nombre en voz alta y el resto de compañeros tiene que ir dando su opinión. *Si no existiese el… podríamos… o utilizaríamos el/la…*

8 Individualmente, cada estudiante tiene que completar el diálogo entre Alberto y Rosa, que están hablando de los usos más importantes de la electricidad, con una de las palabras del recuadro. A continuación ponga la grabación para que comprueben las respuestas.

SOLUCIÓN

1 despertador **2** lámpara **3** bombillas **4** enchufe **5** microondas **6** tostador **7** congelador **8** ascensor

HABLAR

9 En grupos deben contestar a estas preguntas y después se pondrán en común con el resto de la clase para contrastar opiniones.

- Deje tiempo para que realicen la actividad, y pasee por la clase para contestar las posibles dudas.

D Comunicación y cultura

OBJETIVOS

Hablar y escuchar: Objetos perdidos.
Leer: Comprar con WhatsApp.
Escribir: Pedir y dar información por escrito.

HABLAR Y ESCUCHAR

1 Actividad preparatoria para la audición que van a escuchar. Individualmente relacionan las descripciones con los objetos. Se corrige con todo el grupo.

SOLUCIÓN

1 alto / claro (jersey) 2 larga / rayas (bufanda) 3 pequeño / marrón (bolso) 4 azul / cuadros (paraguas) 5 metálico / casita (llavero) 6 plástico / rojo (carpeta)

2 Ponga la grabación para que los alumnos anoten las respuestas a las preguntas propuestas en las dos conversaciones.

SOLUCIÓN

Conversación 1: 1 Un portafolios. 2 Sí, lo encuentra en el vestuario, detrás de una silla.
Conversación 2: 1 Un paraguas. 2 No, no lo encuentra.

3 Vuelva a poner la grabación otra vez para que los estudiantes contesten a las preguntas. Antes, deje tiempo para que las lean. Corrección en clase abierta.

SOLUCIÓN

1 Estuvo el sábado en el gimnasio. 2 En el vestuario. 3 Esta tarde irá a recoger el portafolios. 4 El jueves por la tarde. 5 Un paraguas grande, no plegable, de color rojo con el mango de madera. 6 En un restaurante donde estuvo después.

COMUNICACIÓN

Lea con los alumnos las expresiones que aparecen en el cuadro, y entre todos expliquen cuándo se utilizan.

4 Pida a los alumnos que cierren el libro y escuchen el diálogo entre la recepcionista de una piscina y Ana. Luego pregúnteles qué han entendido. A continuación ponga de nuevo la grabación para que escuchen y lean a la vez.

5 Distribuya a los alumnos en parejas y propóngales que elaboren un diálogo, tomando como modelo el de la actividad 4, pero cambiando las palabras en negrita. Deje tiempo para que lo preparen, incluso para que lo escriban. Luego pida a alguna pareja de voluntarios que lo represente ante toda la clase.

LEER

1 Antes de leer el texto sobre una de las utilidades del WhatsApp, pregunte a sus alumnos si lo tienen instalado en sus teléfonos móviles, desde cuándo, para qué y con que frecuencia lo utilizan, fomentando así un debate para que todos den su opinión.

SOLUCIÓN

1 Se está ante un escenario en el que la decisión final de compra puede ser consecuencia de una charla a través de WhatsApp. 2 Lo anunció en su escaparate y por las redes sociales. 3 Hacer una foto al producto y preguntar directamente por WhatsApp si lo tienen en la tienda. 4 Para mejorar la comunicación entre ellas.

ESCRIBIR

1 Actividad preparatoria para la tarea final (actividad 4). Pida a los alumnos que escriban preguntas a las respuestas dadas. Se corrige con toda la clase.

- No existe un formato especial de correos electrónicos: cada persona, en función de su estilo, utiliza un registro más o menos formal. La misma persona utilizará diferentes registros según sean su destinatario o sus objetivos. Aquí se pretende que el estudiante haga una tarea de escritura de correo electrónico con un objetivo muy útil: preguntas y respuestas sobre una posible visita a tu ciudad.

SOLUCIÓN

1 ¿Qué documentación necesitamos? 2 ¿Qué cosas se pueden ver? 3 ¿Qué medios de transporte podemos utilizar? 4 ¿Qué otras ciudades o pueblos podemos visitar? 5 ¿Dónde podemos comer? 6 ¿Dónde nos podemos alojar? 7 ¿Tendremos que llevar mucho dinero? ¿Es cara la vida en España?

2 En esta actividad se van a trabajar los conectores para ordenar las ideas en párrafos. Para ello, los alumnos tienen que completar las frases con una de las expresiones del recuadro.

SOLUCIÓN

1 en primer lugar
2 Me preguntáis por / Pues bien / Además
3 Lo mejor es
4 Sin duda
5 Por otro lado
6 Por último

3 Pídales que relacionen las dos columnas para formar frases correctas. Corrección en grupo.

SOLUCIÓN

1 c 2 d 3 a 4 e 5 b

4 En esta actividad tienen que escribir un correo electrónico, individualmente, en el que recojan toda la información que aparece en las actividades 1, 2 y 3. Después, cada uno enviará este correo a un compañero de clase y este compañero tendrá que decidir si la información está completa o no. Si hay alguna información que necesita para viajar a ese país pero que no tiene, debe pedírsela en voz alta en clase.

EJERCICIOS PRÁCTICOS (pág. 143)

1 1 gafas 2 cuchara 3 secador 4 frigorífico

2 Actividad libre.

3 1 suspenderás 2 habrá terminado 3 correré 4 hará 5 estará 6 vivirás 7 habré terminado 8 se habrá estropeado

4 1 venga 2 quiera 3 ayudara 4 dejaran 5 fanfarroneaban / preocuparan / trataran 6 estuviera 7 les guste 8 subiéramos 9 cambie 10 os vayáis 11 hablara 12 escuchen

5 1 ordenar 2 imprimir 3 leer 4 reproducir 5 grabar 6 aspirar 7 enchufar 8 contestar 9 batir 10 tostar

AUTOEVALUACIÓN (Unidades 1 y 2)

1 1 una vez 2 últimamente 3 siempre 4 de vez en cuando 5 Hace dos meses 6 muchas veces

2 1 a 2 c 3 b 4 b 5 c 6 a 7 c 8 b 9 a 10 c

3 1 ayude 2 llegara 3 opine 4 dijeras 5 regalaran 6 pierdan 7 tengan 8 viniera 9 se rieran 10 fuera

4 1 congelador 2 marco 3 cortinas 4 jarrón 5 aire acondicionado 6 sillas 7 flexo 8 ventilador 9 horno 10 bombilla 11 revistero 12 mando a distancia 13 batidora 14 grifo 15 escurridor

5 1 no habré terminado 2 no jugaremos 3 habrán terminado/terminarán 4 Cenaréis 5 vendrán 6 habré leído

6 1 En la sierra estará nevando. 2 Estará en la cama. 3 Se habrá hecho la cirugía estética. 4 Se habrá caído. 5 Tendré la gripe. 6 Saldrán todos los días de paseo. 7 Habrá comido mucho turrón estas Navidades.

Comida y salud

3

A Vida cotidiana

OBJETIVOS

Vocabulario: Léxico de la comida.
Comunicación: Hablar de hábitos de alimentación.

ANTES DE EMPEZAR

- Repase el vocabulario que conocen de verduras. Es importante establecer claramente la diferencia que existe en español entre *legumbres* y *verduras*, dado que no existe en todas las lenguas.
- Las verduras se consumen verdes, frescas, recién recolectadas, mientras que las legumbres se consumen después de un tiempo y un proceso de secado. Por ejemplo, las *judías verdes* (verdura) se convierten en alubias, que pueden ser blancas, pintas, etc., y entonces se denominan legumbres. Otras legumbres son los *garbanzos* y las *lentejas*.

1 Invite a los alumnos a observar la foto que aparece en la unidad y haga preguntas: *¿Qué están comiendo?, ¿Qué comida es: desayuno, merienda, cena...?, ¿Creéis que la comida que aparece en la foto es una comida sana?, ¿Por qué?* Estas preguntas servirán de introducción al tema: puede preguntarles lo que comieron ayer, lo que han desayunado esta mañana... De esta forma ya se pueden introducir las cuestiones de la actividad: *¿Te importa tu alimentación?, ¿Sigues una alimentación especial o comes de todo?*
- Esta actividad se puede hacer en común con toda la clase.

VOCABULARIO

2 Cada estudiante debe elegir sus ingredientes de forma individual. Después todos los alumnos hablarán de su ensalada y tendrán que votar la ensalada más original, la más rica, la que más ingredientes lleva, etc.

- Aproveche para introducir más vocabulario relacionado con las verduras.

ESCUCHAR

3 Actividad de comprensión auditiva. Antes de realizar la actividad, repasen las palabras del recuadro y aclaren entre todos las dudas. A continuación, distribuya a los alumnos en parejas, para que lean los testimonios de Laura y David y decidan cuáles son las palabras que faltan en los huecos. Después escucharán la grabación para comprobar si habían hecho bien el ejercicio o no.

SOLUCIÓN

1 menú **2** dieta **3** legumbres **4** carne **5** pescado **6** paella **7** sana **8** desayuno **9** bocadillo **10** embutido **11** especialidades **12** sal

ACTIVIDAD EXTRA

Puede proponer que levanten la mano, por un lado, los alumnos que se sientan identificados con Laura y, por otro lado, los que se sientan identificados con David. Divida la clase en dos grandes grupos que tendrán que defender su postura. Modere el debate.

HABLAR

4 Actividad de interacción oral. Distribuya a los alumnos en grupos de cuatro para que hablen de las cuestiones planteadas sobre la alimentación y sus hábitos de comida. Luego en gran grupo se comenta entre todos.

COMUNICACIÓN

En el cuadro se sistematizan expresiones para opinar y argumentar una opinión. Léalo con sus alumnos y añadan más conectores entre todos.

LEER

5 Siguiendo con el tema de la alimentación, los alumnos, individualmente, leen el texto "¿Es posible comer sano" y responden a las preguntas. Corrección en grupo.

SOLUCIÓN

1 No. Es habitual encontrar rastros de hasta 20 sustancias tóxicas en una cantidad de frutas y verduras. 2 No. 3 Comer frutas y verduras ecológicas reduce en un 30% la exposición a los plaguicidas. 4 La agricultura convencional tiene pesticidas y otros tóxicos y la ecológica no. 5 Es mejor comer la fruta con piel. 6 No, pues hay falta de información.

ESCRIBIR

6 Individualmente escriben un texto sobre "las ventajas e inconvenientes de consumir productos etiquetados como ecológicos". Se corrige en grupos de cuatro y se ponen en común con todo el grupo.

ACTIVIDAD EXTRA

Como actividad sociolingüística, pida a los estudiantes que en grupos de tres, elaboren un menú para todo el día de una familia española media. Dígales que lo hagan en limpio y póngalo en la pared, con el fin de que todos los alumnos puedan verlo. También puede pedir a un portavoz del grupo que lo lea en voz alta.
Un ejemplo sería:
DESAYUNO
Café con leche, magdalenas y zumo de naranja
COMIDA
Lentejas guisadas
Muslo de pollo en salsa
Una manzana
MERIENDA
Café con leche
CENA
Merluza a la romana con ensalada
Un yogur

B Cocinar

OBJETIVOS
Vocabulario: Léxico para cocinar.
Gramática: Oraciones temporales.

ANTES DE EMPEZAR
Invite a que levanten la mano aquellos alumnos a los que les guste cocinar. Haga que se pongan de pie y que representen con mímica algún verbo relacionado con la cocina. El resto de compañeros tienen que adivinar de qué verbo se trata y decirlo en voz alta. Si nadie lo sabe, se pasa al siguiente verbo.

VOCABULARIO

1 Actividad de léxico para cocinar. Para empezar pregunte al grupo si les gusta cocinar. Después los estudiantes leen los verbos y su imagen. Aclare las posibles dudas.

ESCUCHAR

2 Pida que cierren los libros, ponga la grabación y pregunte: *¿Cuántas recetas habéis escuchado?, ¿De qué son las recetas?, ¿De dónde creéis que son típicas?, ¿Podrían ser estas recetas de vuestros países?, ¿Por qué?,* etc. Después, en parejas, completan los huecos y ordenan los párrafos. Ponga de nuevo la grabación para comprobar sus resultados.

- Se puede pedir a dos alumnos que lean cada uno una receta. Mientras, vaya escribiendo en la pizarra estructuras como: *hasta que esté dorado, hasta que se consiga una salsa compacta, cuando pongamos, en cuanto esté,* etc.
  De esta forma se puede explicar el uso de las oraciones temporales cuando expresan futuro y cuando expresan presente o pasado.
  Para que el estudiante no relacione solamente estas estructuras con las recetas, puede ir haciendo preguntas del tipo:
  - *Mary, ¿qué vas a hacer para practicar español cuando regreses a tu país? Y tú, João, ¿cuándo te vas a presentar al DELE?...*

SOLUCIÓN

1 dar la vuelta - B2 2 Encimar / hornear - A3 3 pochar / Remover - B1 4 Picar / Rallar / batir / condimentar - A1 5 Hervir - B3 6 Rehogar - A 2

ESCRIBIR

3 Cada alumno debe escribir una receta e intentar utilizar un mínimo de dos oraciones temporales. Después se leerán en voz alta y se votará la receta más apetitosa.

- Al leer las recetas, debe estar atento a los fallos que se puedan cometer para ir anotándolos y corrigiéndolos al final de cada intervención.

GRAMÁTICA

Se presentan en este cuadro las correlaciones de tiempos entre las oraciones adverbiales temporales y su correspondiente oración principal.
Recuérdeles primero la regla general para muchos nexos temporales:
- Cuando hablamos del presente o el pasado > INDICATIVO
- Cuando hablamos del futuro > SUBJUNTIVO

- Ver pág. 144 del libro del alumno.

4 Actividad controlada para practicar las oraciones temporales. Individualmente leen las frases y eligen la forma adecuada del verbo. Para la corrección cada estudiante va corrigiendo una frase en voz alta, diciendo el porqué de su elección.

SOLUCIÓN

1 vean **2** veamos **3** abro **4** empiece **5** vengan **6** llegue **7** abrieron **8** pintáramos

5 En esta actividad escriben el verbo entre paréntesis en su forma correcta. Para seguir practicando las oraciones temporales, haga que los alumnos completen las frases con otras respuestas.

SOLUCIÓN

1 llegó
2 suban
3 terminó
4 llegue
5 casarme
6 iba
7 tenga
8 pude
9 salgo
10 veamos
11 vengan
12 termines
13 pudiera
14 se enterara

ESCUCHAR

6 El objetivo de esta actividad es que el alumno sea capaz de tomar notas para resumir la información que se le pide. Puede proporcionarle las preguntas que el entrevistador hace al cocinero vasco y el alumno tiene que ser capaz de sintetizar las respuestas del cocinero en unas pocas líneas a partir de la grabación. Para ello, ponga la grabación dos o tres veces, y deje tiempo suficiente, para que reescriban la información.

C Dolor de espalda

OBJETIVOS

Vocabulario: Léxico del cuerpo.
Comunicación: Hablar de salud y enfermedad.
Gramática: Condiciones probables o improbables.

ANTES DE EMPEZAR

Para introducir el tema de la salud, trabaje con el título de la sección: *Dolor de espalda*, y pregúnteles si sufren dolor de espalda, de cabeza, etc., habitualmente, cuándo y qué hacen en esos casos.

HABLAR

1 Invite a los alumnos a dar consejos para tener buena salud. Primero hablan sobre el tema en parejas y luego se pone en común con todo el grupo. Para ello, un estudiante puede ir escribiendo en la pizarra lo que van diciendo sus compañeros. Se puede pedir a algún estudiante que diga quién le parece la persona más saludable de la clase y por qué.

VOCABULARIO

2 Pueden hacer esta actividad en parejas. Completan las palabras referidas al cuerpo humano y las relacionan con las fotografías. Durante la corrección en grupo, además de relacionar las palabras con la imagen, pídales que se señalen las distintas partes del cuerpo.

SOLUCIÓN

1 cadera / J **2** tobillo / L **3** muñeca / C **4** rodilla / N **5** codo / G **6** brazo / F **7** ojo / E **8** dedo / E **9** uña / B **10** mano / A **11** hombro / H **12** pierna / K **13** espalda / I **14** talón / M

ACTIVIDAD EXTRA

Puede pensar en otras partes del cuerpo y jugar al ahorcado con la clase. Por ejemplo, piense en la palabra *barbilla* y escriba en la pizarra: _ _ _ _ _ _ _ _. Haga que vayan diciendo letras y vaya escribiéndolas en los huecos que le corresponden. Si alguna de las letras no está en la palabra, dibuje el símbolo del ahorcado. También puede invitar a los alumnos a jugar al ahorcado en parejas y a anotar las palabras que su compañero no ha adivinado. Al final de la clase se escriben en la pizarra todas estas palabras y seguramente se amplíe la lista inicial de vocabulario relacionado con el cuerpo humano.

3 Antes de realizar el ejercicio, asegúrese de que conocen el significado de los verbos. Pídales que las expliquen bien con un ejemplo, una definición, un dibujo o representándolo con su cuerpo. Se corrige con todo el grupo.

SOLUCIÓN

Respuestas posibles. 1 Puedo doblar los brazos y las piernas. **2** Puedo estirar las piernas. **3** Puedo cruzar los brazos, las piernas. **4** Puedo girar las muñecas, la cabeza. **5** Puedo levantar las manos, los brazos, los pies. **6** Puedo abrir los ojos, la boca. **7** Puedo encogerme de hombros. **8** Puedo torcerme un tobillo, una muñeca.

4 Esta actividad se puede hacer con todo el grupo. Deje unos minutos para que lean las situaciones y piensen en los movimientos. Después vaya leyéndolas para que hagan el movimiento correspondiente. Para terminar, pídales que añadan otras situaciones similares.

SOLUCIÓN

1 Abrir los ojos, estirar los brazos. **2** Levantar la mano. **3** Encogerte de hombros. **4** Cruzar las piernas. **5** Abrir los ojos, levantar las cejas. **6** Cerrar los ojos.

5 y **6** En parejas relacionan las expresiones con su significado y averiguan si esas mismas expresiones existen en su lengua materna. Pregúnteles si conocen alguna expresión más en la que se utilice el nombre de alguna parte del cuerpo y pongan en común todas las expresiones que salgan de este tipo.

SOLUCIÓN

1 c **2** f **3** a **4** d **5** g **6** b **7** e **8** h

7 Actividad para practicar las expresiones de la actividad anterior. Individualmente completan las frases. Se corrige en grupo abierto. Puede pedirles que escriban alguna frase con expresiones que no aparecen en el libro, pero que han salido en la actividad anterior.

SOLUCIÓN

1 échame una mano **2** uña y carne **3** dar la cara **4** hinques los codos **5** meter la pata

COMUNICACIÓN

En el cuadro se sistematizan las estructuras para expresar las condiciones, posibles o probables, poco probables o imposibles en presente o futuro, y las condiciones que se han realizado en el pasado.

- Se supone que en este momento del aprendizaje el alumno ya tiene una idea de las condicionales poco probables o imposibles. Pero seguramente no irá mal un recordatorio del esquema clásico. Escriba en la pizarra:
  - *Si tuviera un millón de euros…*

  Y pregunte a cada alumno qué haría con tanto dinero. Escriba las diferentes respuestas:
  - *compraría una casa.*
  - *daría la vuelta al mundo.*
  - *lo repartiría entre varias ONG.*

  Después pregúnteles: *¿Es una situación posible o imposible?*
- A continuación presente la estructura correspondiente a las condiciones no cumplidas en el pasado:
  -*Si hubiera nacido en París…*

  Y otra vez cada alumno dice algo:
  - *hablaría francés.*
  - *habría visto ya la torre Eiffel.*
- Ver pág. 144 del libro del alumno.

8 Actividad controlada para practicar la expresión de la condición. Pueden completar y relacionar las frases en parejas o individualmente y se corrige entre toda la clase.

- Para afianzar estas estructuras, haga que escriban otras frases con sentido, utilizando la información de la columna de la derecha.

SOLUCIÓN

1 encuentro / b **2** estaría / e **3** hubieras abrigado / a **4** quitará / d **5** fuera / f **6** va / c

9 Los alumnos hacen la actividad individualmente. Si el grupo es numeroso, puede parar la corrección y hacer preguntas directas a los estudiantes similares a las del ejercicio para que comprendan el uso de las oraciones.

SOLUCIÓN

1 habría podido
2 estaría
3 podríamos
4 habría quedado
5 te daré
6 dolería

10 Lea el ejemplo con el grupo y explíqueles que tienen que formular frases condicionales. Haga una ronda rápida para la corrección.

SOLUCIÓN

1 Si no vivieras tan lejos, iríamos a tu casa más a menudo. **2** Si hablara más claro, la gente lo entendería. **3** Si no fuera tan caro, iría a comer a ese restaurante. **4** Si no hubiera estado enfermo, habría ido a trabajar. **5** Si hiciera deporte, estaría más en forma. **6** Si lo necesitara, vendría. **7** Si no hubiera estado lloviendo, habríamos ido a montar en bicicleta. **8** Si no hubiera perdido el móvil, habría llamado por teléfono.

11 En esta actividad se trabaja el uso de la estructura condicional para reprochar a otro su conducta anterior. Realizan la actividad individualmente y se corrige en pequeños grupos.

SOLUCIÓN

1 Si hubieras dormido suficiente, no te dolería. **2** Si hubieras estudiado más, no habrías suspendido dos asignaturas. **3** Si hubieras cuidado la relación, Laura no te habría dejado. **4** Si hubieras tenido más cuidado, no habrías perdido el móvil. **5** Si no te hubieras gastado el dinero en tonterías, ahora tendrías dinero. **6** Si hubieras tenido tiempo, habrías visto la película.

D Comunicación y cultura

OBJETIVOS
Hablar y escuchar: En el restaurante.
Leer: El aceite de oliva.
Escribir: Anuncios por palabras.

HABLAR Y ESCUCHAR

1 Pida a los alumnos que lean el diálogo entre un camarero y un cliente, y lo completen con las frases del recuadro. Para la corrección, dos voluntarios lo leen completo.

SOLUCIÓN

1 les tomo nota **2** le importa **3** en qué puedo ayudarle **4** Qué me aconseja **5** si quiere comer **6** Voy a seguir su consejo **7** Antes de tomar **8** le haré caso

2 Ponga el audio para comprobar las respuestas de la actividad anterior.

COMUNICACIÓN

Lea el cuadro con sus alumnos, en el que aparecen expresiones útiles en un restaurante: pedir recomendaciones, dar recomendaciones y pedir ayuda. Aclare que para pedir recomendaciones y ayuda, también se utiliza la forma del condicional: *¿Qué me aconsejaría / recomendaría / sugeriría?, ¿Le importaría si...?*

3 Actividad de interacción oral. Tomando como modelo el diálogo de la actividad 1, en parejas, elaboran un nuevo diálogo que luego reproducirán ante otra pareja.

4 Actividad de comprensión auditiva. Ponga la grabación y pregunte cuál es el contenido. Luego, pídales que lean las preguntas, ponga de nuevo la audición para que anoten las respuestas y pónganlo en común.

SOLUCION

1 Pechuga con champiñones. 2 No puede comer pollo con beicon porque está a dieta. 3 Sesenta minutos. 4 El postre. 5 Una ensalada de frutas, helado y chocolate. 6 A las ocho y media.

LEER

1 Si los estudiantes están interesados por el tema, se les puede proponer que busquen información en internet sobre el aceite de oliva. Se pueden establecer diferentes tipos de información, por ejemplo: recetas con aceite de oliva, propiedades, de dónde sale el aceite, etc. Así, cada grupo buscará información específica y después se puede juntar toda y crear un folleto que se colgará en el aula.

2 Los alumnos leen el texto sobre el aceite de oliva y contestan a las preguntas propuestas. Se corrigen en grupo.

SOLUCIÓN

1 Se cree que fueron los fenicios. 2 Lo utilizaban como medicina. 3 Para elaborar platos de cocina. 4 España. 5 Es muy bueno para el sistema cardiovascular, favorece el crecimiento de los huesos y la absorción del calcio.

ESCRIBIR

1 Se presentan ejemplos variados de anuncios. La actividad servirá para evaluar la comprensión lectora.

2 Individualmente, relacionan una de las situaciones con el anuncio correspondiente. Haga una ronda rápida para la corrección.

SOLUCIÓN

1 F 2 E 3 C 4 D 5 A 6 B

3 Actividad preparatoria para la tarea final. Lea con sus alumnos los dos anuncios y repase con ellos las abreviaturas y la omisión de palabras.

4 Se puede hacer individualmente o en grupo. Haga grupos en clase y reparta a cada grupo un anuncio y explíqueles que tienen que quedar lo más reducidos posible. Después se puede inventar qué tipo de gente llamaría a cada uno:

- *Nosotros creemos que al anuncio número 2 llamaría una persona...*

ACTIVIDAD EXTRA

Lleve a clase periódicos y revistas y diga a sus alumnos que seleccionen algunos anuncios y luego simulen que se llama por teléfono para contactar con la persona del anuncio.

EJERCICIOS PRÁCTICOS (pág. 145)

1 **Crecen bajo tierra:** zanahoria / cebolla / patatas. **Tienen hoja verde:** espinacas / lechuga / guisantes. **Son flores:** alcachofa / brócoli / coliflor. **Tienen forma cilíndrica y carne blanca:** berenjena / calabacín / pepino. **Normalmente son de color rojo:** pimiento / tomate.

2 1 En cuanto Ana me llame, iré a buscarla. 2 Tan pronto como sepa algo nuevo, te llamo. 3 Siempre que me necesites, iré a tu casa. 4 Cuando llegue a la playa, te llamaré. 5 Cuando haga el pastel, recogeré la cocina. 6 Cuando él esté esperando, vendré. 7 Cuando me vaya a la cama, leeré un rato. 8 En cuanto hierva el agua, apagarás el fuego. 9 Tan pronto como traigan los aperitivos, servirás el vino.

3 1 Vete antes de que empiece a correr. 2 Apaga el fuego antes de que se queme la comida. 3 Llámame por el móvil antes de que salga de casa. 4 Pon la mesa antes de que lleguen los invitados. 5 Recoge la habitación antes de que llegue tu madre. 6 Sal corriendo antes de que te vea la policía.

4 1 Se fue antes de que empezara el programa. 2 Apagó el fuego antes de que se quemara la comida. 3 Me llamó por el móvil antes de que saliera de casa. 4 Puso la mesa antes de que llegaran los invitados. 5 Recogió la habitación antes de que llegara su madre. 6 Salió corriendo antes de que lo/la viera la policía.

5 1 Si tuviera el visado, iría a China. 2 Si Juan fuera a Londres, cogería un avión. 3 Si tuviéramos tiempo, visitaríamos el Museo Reina Sofía. 4 Si Julia no se hubiera olvidado de echar la carta al buzón, la carta hubiera llegado. 5 Si supiera dónde vive, iría a visitarla. 6 Si me hubieras enseñado, podría hacer ese postre. 7 Si hubiera habido berenjenas en el mercado, las habría comprado.

Socialización

4

A ¿Con quién vives?

OBJETIVOS

Comunicación: Hablar de la convivencia y de los amigos.

Gramática: Formación de palabras: la sustantivación.

ANTES DE EMPEZAR

En este apartado se intenta reflexionar sobre los distintos modelos de convivencia. Aparte de la familia tradicional, hay ejemplos de personas compartiendo piso, parejas que viven juntas sin estar casadas, personas que viven solas. Según la procedencia y los intereses de sus alumnos, haga un pequeño debate del tema. ¿Cuáles son las ventajas y desventajas de cada modelo?

1 Invite a los alumnos a mirar las tres fotografías que aparecen en la sección y a que reflexionen sobre ellas: *¿Qué relación hay entre las personas de una misma foto?, ¿Cuántos años creéis que tienen?, ¿Dónde viven?, ¿A qué se dedican?*, etc. El objetivo es hacer suposiciones acerca de las fotos. También puede preguntarles si podrían ser fotos de jóvenes de su país.

- En España se da un fenómeno sociológico que consiste en que un alto porcentaje de jóvenes españoles siguen viviendo con sus padres después de acabada su etapa de formación, es decir más allá de los veinticinco o treinta años. La mayoría trabajan, muchos de ellos tienen parejas, y algunos disponen incluso de un piso en propiedad, pero no se independizan de su familia hasta pasados los treinta años. Esta situación les permite disponer de dinero para costearse las necesidades menos básicas, especialmente las relacionadas con el ocio: viajes, conciertos, ropa, salidas nocturnas, etc.

ACTIVIDAD EXTRA

Se puede llevar material al aula, como recortes de prensa en los que se trate el tema de la vivienda, la independencia tardía de los jóvenes españoles, etc.

ESCUCHAR

2 Antes de escuchar, explique la situación: tres jóvenes, Pablo, Olalla y Joaquín cuentan con quién viven y cuáles son las ventajas e inconvenientes del modelo de su convivencia. Ponga una primera vez la grabación y párela después de cada testimonio para que señalen las respuestas. Hay dos afirmaciones para cada testimonio. Después póngala una segunda vez sin pausas. Después, se corrige entre todos y se da la opción correcta a las afirmaciones que son falsas.

SOLUCIÓN

1 Verdadero. 2 Falso. (Para Pablo es una experiencia muy positiva) 3 Falso. (El matrimonio les saldría más rentable) 4 Verdadero. 5 Verdadero. 6 Falso. (Es una desventaja tener que pagar solo todos los gastos de la vivienda)

3 Escuchan de nuevo la grabación y completan individualmente la información con el conector apropiado.

- Puede pedir a los alumnos que, en parejas, hagan frases utilizando los conectores que acaban de escuchar. De esta manera, se puede comprobar si los estudiantes, además de reconocer la palabra en la comprensión auditiva, entienden su significado y son capaces de utilizarlo.

SOLUCIÓN

1 incluso 2 en cambio 3 Aunque 4 así que 5 A pesar de que

HABLAR

4 Esta actividad se puede llevar a cabo, como sugiere la instrucción, en grupos de cuatro, o se podría adaptar y hacerlo en parejas o individualmente. Se puede plantear de otra forma y hacer dobles parejas. El objetivo es que cada una de ellas trate de deducir cómo es la convivencia de los integrantes de la otra pareja:

- *Nosotros creemos que Lina vive con... y que se lleva bien con... porque ella tiene un carácter muy...*

LEER

5 Pídalos que lean el texto individualmente y que cada uno piense en la principal causa que, para él o ella, puede romper una amistad. Después cada alumno puede ir exponiendo su causa y argumentando el porqué. Puede preguntar si alguien ha pasado por alguna experiencia de ese tipo o si conocen a alguien a quien le haya pasado algo así.

- Antes de la lectura preenseñe *zarpazos*: golpe dado con una *zarpa* (= mano o pie de algunos animales, como el león o el tigre). En el texto se refiere figuradamente a los golpes que nos da la vida, a los malos momentos. Destaque también que el sufijo *-azo* se utiliza para designar "golpe": *codazo* (de codo), *portazo* (de puerta), *hachazo* (de hacha), *cabezazo*, *rodillazo*, incluso se puede decir *bolsazo*: *Elena le dio un* **bolsazo** *en la cabeza al hombre que pretendía robarle.*

SOLUCIÓN

Por una deslealtad.

6 Se puede dividir la clase en grupos y adjudicar a cada uno una palabra. Cada grupo tendrá que buscar el significado de dicha palabra y explicar su significado a través de un libro o una película. Durante la corrección con toda la clase marque los sufijos de los sustantivos y clasifíquelos. De esta forma puede ir adelantando el cuadro de formación de palabras que aparece a continuación.

SOLUCIÓN

1 lealtad **2** sinceridad **3** honestidad **4** franqueza **5** confianza **6** libertad **7** profundidad **8** apariencia **9** complicidad

GRAMÁTICA

En el cuadro se presentan los principales sufijos que se utilizan en español para formar sustantivos. Después de la lectura, escriba en la pizarra los sufijos para que, entre todos, se completen con otros ejemplos.

- Ver pág. 146 del libro del alumno.

7 Actividad de práctica de la sustantivación. Individualmente relacionan la información de las dos columnas. Durante la corrección, pídales que digan los sustantivos resultantes.

SOLUCIÓN

1 c **2** a **3** b **4** e **5** d

8 Individualmente completan las frases y se corrige en grupo abierto.

SOLUCIÓN

1 lealtad **2** paciencia **3** aburrimiento **4** calentamiento **5** riqueza **6** elecciones

ACTIVIDAD EXTRA

Para consolidar el vocabulario visto, pida a cada estudiante que elabore tres frases, por ejemplo, con tres palabras de las vistas. Luego cada uno las lee y deciden entre todos si son correctas en su forma y significado, si se utilizan en esos contextos, etc.

HABLAR

9 Se puede enlazar esta actividad con la siguiente. En parejas o grupos se puede hablar de la amistad y de lo que esperan de los amigos. Pueden contar también algún desengaño real que han tenido con un amigo/a o inventar uno.

ESCRIBIR

10 Tomando las preguntas de la actividad anterior como guion, pida a los estudiantes que elaboren una redacción sobre el tema. Recuérdeles que deben organizar el texto coherentemente y que para ello es importante que utilicen los conectores que conocen.

ACTIVIDADES EXTRA

- Pueden recoger la historia de la traición de la actividad anterior y escribir un correo electrónico a un amigo contando su desengaño.
- Pídales que escriban un texto breve para enviar al consultorio de una revista contando su decepción por la traición de un amigo/a. Así después, se podrían juntar todos los textos, elaborar una sección de una revista y entre todos dar consejos de cómo actuar en caso de traición.

B El amor eterno

OBJETIVOS

Comunicación: Hablar del sentimiento amoroso.

Gramática: Oraciones de relativo con preposición.

ANTES DE EMPEZAR

Fomente un pequeño debate con el título de la sección *El amor eterno* y haga que den todos su opinión al respecto. Es importante que todos participen. Pida un voluntario como moderador para dar el turno de palabra.

1 y **2** Actividades de interacción oral. En grupos observan las dos fotografías y entre todos comenten: *¿Qué están celebrando?, ¿Sucede lo mismo en vuestros países?, ¿Alguna vez habéis estado en una celebración de este tipo?, ¿Qué opináis del matrimonio?, ¿Conocéis a alguna pareja que lleven mucho tiempo casados?,* etc. Una vez descritas las fotos se intercambian ideas de las cuestiones planteadas en las actividades. Puede animarlos a que cuenten la historia de sus padres.

ESCUCHAR

3 Actividad de léxico preparatoria para la comprensión auditiva. En parejas intentan deducir el significado de las expresiones propuestas. Deje cinco o diez minutos y después cada pareja puede explicar el significado de una de las expresiones. Otra posibilidad es que cada pareja escriba en un papel el significado de una de las expresiones. Después lea en voz alta las explicaciones y entre todos decidirán a qué expresión está haciendo referencia.

SOLUCIÓN

1 Hacer lo que yo quiera.
2 Llevar una persona de acompañante para evitar que te quedes sola con tu novio.
3 Cuidar de un niño pequeño mientras sus padres están fuera de casa.
4 Estar enfadado.
5 Verlo todo de una manera optimista.
6 Derrochar, hacer más gastos de los necesarios.
7 Sin que nadie se entere.

4 Ponga la grabación una vez y pida que señalen la respuesta adecuada. Después se corrige entre todos en voz alta. Para comprobar que han entendido la grabación, haga alguna pregunta complementaria.

SOLUCIÓN

1 a **2** b **3** b **4** a **5** c **6** b **7** c

HABLAR

5 Puede hablarse del tema en grupos o entre toda la clase, si no es muy numerosa. Dirija la conversación. Si lo hacen en grupo, pídales que un representante de cada grupo elabore un resumen, que luego tendrán que poner en común con el resto de los compañeros.

6 y **7** Antes de escuchar, pregunte si saben qué es un bolero y explique que es un género de canción romántica, típica de Latinoamérica. Si a sus alumnos les interesa el tema, un cantante de boleros muy famoso es Luis Miguel. Seguro que encontrarán información sobre él en internet.

- Individualmente tratan de completar los huecos. Después comprueban con su compañero si están de acuerdo, antes de escuchar la canción. Por último, la escuchan. Aclare que el texto de la canción no es la única opción posible. Para ello, compruebe si lo que han escrito también es correcto. Guíe a los alumnos para que deduzcan las reglas. ¿Por qué *en que* y por qué *que*?
- Remita a los estudiantes al cuadro que aparece a continuación en el libro del alumno acerca de *Relativos con preposición*.
- También se podría invitar a los estudiantes a que trajesen, el próximo día de clase, alguna canción en su lengua materna que hablase sobre el amor. Así explicarían al resto de la clase de qué trata la canción.

SOLUCIÓN

1 en que
2 cuando
3 que
4 en que
5 en que
6 que
7 que
8 en que

GRAMÁTICA

Sistematización de las oraciones de relativo con preposición. Lea el cuadro con los alumnos, aclare las posibles dudas y pongan otros ejemplos.

• Ver pág. 146 del libro del alumno.

8 En parejas o individualmente hacen la actividad para comprobar que han entendido el funcionamiento de las oraciones de relativos con preposición.
Se puede pedir a los alumnos que, en parejas, escriban otras frases similares. Después se las entregarán a usted y las repartirá entre los grupos.

ACTIVIDAD EXTRA

Diga a un alumno un pronombre relativo con preposición y un sujeto, por ejemplo, *el chico, con quien* y este tendrá que hacer una frase.Y así sucesivamente.

SOLUCIÓN

1 Ángel tenía un perro al que mimaba demasiado. **2** Estos son los amigos de Marta con los que yo antes salía mucho. **3** Ahí hay un sitio en el que se pueden encontrar cosas baratas. **4** Te presento a mi primo Alfonso del que te hablé el domingo pasado. **5** Hemos vendido la casa de nuestros padres en la que nacimos todos. **6** Han cerrado el Cine Rex al que antes íbamos los domingos.

9 Actividad controlada para fijar el uso de los relativos con preposición. Individualmente leen las frases y las completan con una de las opciones del recuadro. Se corrige entre todos.

SOLUCIÓN

1 de la que **2** en la que **3** a quien **4** por el que

C El deseo de ser padres

OBJETIVOS

Comunicación: Hablar de la adopción.
Gramática: El artículo neutro *lo*.

ANTES DE EMPEZAR

Inicie la sesión haciendo una ronda de preguntas para que los alumnos comenten en el caso de no tener hijos, si tienen deseos de ser padres, cuándo... En el caso de que tengan hijos, puede preguntarles por su experiencia.

LEER

1 Haga la pregunta a sus estudiantes y recoja el sentir de la clase: *¿Conoces a alguna persona adoptada?*
Si sus estudiantes son demasiado jóvenes, lleve a clase algún artículo de periódico o de internet que hable sobre la adopción.

2 Actividad de comprensión lectora. Individualmente leen el artículo “El deseo de ser padres”, y contestan a las preguntas que se comentarán en grupo.

• Después de leer el artículo puede preguntar qué les ha llamado la atención, qué les ha sorprendido o si es similar a la situación en su país.

SOLUCIÓN

1 Parejas que sufren algún tipo de infertilidad, familias que tienen uno o dos hijos, familias monoparentales. **2** El deseo de ser padre o madre. **3** Familias de un solo miembro.

3 Ahora, individualmente, vuelven a leer el artículo y señalan si las afirmaciones son verdaderas o falsas. Después se corregirá entre toda la clase. El texto puede servir como pretexto para analizar la situación de la adopción en su país. Los alumnos pueden buscar información en internet acerca de las nacionalidades que más se adoptan en su país, los problemas que tienen para integrarse, etc.

SOLUCIÓN

1 Falso. (Hay parejas que adoptan y ya tienen uno o dos hijos) **2** Verdadero. **3** Verdadero. **4** Falso. (Una persona sin pareja sí puede acceder a la adopción, son las familias monoparentales) **5** Verdadero.

HABLAR

4 Actividad de interacción oral para seguir trabajando el tema de la adopción. Deje tiempo antes de la puesta en común para que lean las preguntas y piensen o busquen las respuestas.

ACTIVIDAD EXTRA

Pida a sus alumnos que busquen información sobre el "acogimiento" en España y escriban un texto con los trámites a seguir, las características de los padres acogedores, etc. Luego se ponen en común los resultados con toda la clase.

GRAMÁTICA

Lea el cuadro con los alumnos, aclare las posibles dudas y pongan otros ejemplos. Señale que *lo* es el único artículo neutro que existe en español y que no tiene plural.

- Ver pág. 146 del libro del alumno.

5 Actividad de práctica controlada para comprobar si han entendido cómo funciona el artículo neutro *lo*. Individualmente eligen el artículo adecuado. Durante la corrección, aclare las posibles dudas.

SOLUCIÓN

1 Lo **2** el **3** el **4** lo **5** El **6** el **7** lo **8** Lo **9** el **10** lo

6 Individualmente transforman las frases, se comprueba con el compañero y se corrige en grupo abierto. Después puede pedirles que den otros ejemplos con esta estructura.

SOLUCIÓN

1 No te imaginas lo que comen mis hijos. **2** No sabes lo cerca que está el restaurante. **3** No sabes lo ocupado que está el marido de Rosa. **4** No sabes los discos que ha vendido ese cantante. **5** No sabes lo guapas que están Celia y Laura. **6** No sabes lo autosuficiente que es Carmen. **7** No sabes lo lejos que viven sus abuelos. **8** No sabes lo bien que toca Ana la flauta.

D Comunicación y cultura

OBJETIVOS

Hablar y escribir: Compartiendo tareas.
Leer: Un poeta mexicano: Octavio Paz.
Escribir: Un artículo para una revista.

HABLAR Y ESCUCHAR

1 Antes de completar el diálogo entre Cristina y Emilio, lea con los estudiantes las expresiones del recuadro para asegurarse de que entienden todo.

- A continuación, individualmente, lo leen y lo completan.

SOLUCIÓN

1 te estaba esperando **2** lo que tenemos que hacer **3** tenía otros planes **4** lo que más se me antojaba **5** si no hay más remedio **6** lo podemos dejar **7** de la que me hablaron ayer

2 Para la corrección de la actividad anterior, ponga la grabación. Una vez corregida pida dos voluntarios para que lean el diálogo.

COMUNICACIÓN

Lea con los estudiantes las estructuras del recuadro para compartir actividades y haga que las busquen en el diálogo de la actividad 1.

3 Tomando como modelo el diálogo de la actividad 1, en parejas, elaboran un nuevo diálogo con una de las situaciones dadas que luego reproducirán ante otra pareja. Pasee por las mesas para aclarar las posibles dudas.

4 Explique el contexto de la grabación: entrevista al doctor Álvarez sobre las relaciones amorosas entre hombres y mujeres. Ponga la grabación dos veces para que completen las frases. Después de la corrección puede fomentar un pequeño debate sobre las opiniones del doctor Álvarez al respecto.

SOLUCIÓN

1 Los hombres / las mujeres 2 Normalmente / los hombres 3 Las mujeres 4 Los hombres

5 Como ya han escuchado la entrevista en la actividad anterior, haga que elijan la respuesta correcta. Después, haga una puesta en común con todo el grupo y ponga la grabación para verificar.

SOLUCIÓN

1 a 2 b 3 b 4 a

LEER

1 Haga que lean la biografía del escritor mexicano Octavio Paz y que contesten a las preguntas. Se corrigen en grupo abierto.

SOLUCIÓN

1 Vivió en París y la India por su trabajo como diplomático. 2 Por la masacre que las autoridades mexicanas realizaron en la plaza Tlatelolco. 3 La soledad, el vacío del yo y el amor. 4 Recibió el Príncipe de Asturias, el premio Cervantes y el Nobel de Literatura.

2 Actividad para ilustrar la obra de Octavio Paz. Individualmente leen el poema propuesto. Deje tiempo para ello.

3 Los alumnos vuelven a leer el poema y contestan a las preguntas. Se corrige en grupo abierto.

SOLUCIÓN

1 Evidentemente es un poema triste, mejor dicho, angustioso: los elementos que aparecen son: *silencio, hojas secas, nadie, oscuro y sin salida, doy vueltas y vueltas.*
2 El poeta habla de la soledad, *(nadie)*, de cierta depresión, *(oscuridad)*, de angustia existencial, de cierto vacío. El poeta busca algo, pero no lo encuentra *sin salida*, sin esperanza: *nadie me espera ni me sigue.*

4 Se puede hacer hincapié con esta audición de algunas diferencias fonéticas que existen entre el español peninsular y el español de México. ¿Alguien se atreve a leer el texto imitando el acento mexicano?

5 Actividad de interacción oral. Se pueden llevar al aula fotografías de escritores hispanoamericanos y mostrárselas a los estudiantes. ¿Los reconocen?, ¿Conocen el nombre de algún escritor hispanoamericano? Si conocen a alguno, pregúnteles si han leído algo de ese escritor.

- También se puede llevar algún ejemplar de algún libro representativo de algún escritor hispanoamericano como por ejemplo un ejemplar de *Cien años de soledad* (Gabriel García Márquez), de *La casa de los espíritus* (Isabel Allende), etc. Se pueden mostrar escenas de la película de *La casa de los espíritus*, leer algún fragmento de un libro, etc.

ESCRIBIR

1 Entre todos se contestan a las preguntas que se proponen en esta actividad. Después se leen las condiciones que debe reunir un buen artículo. Puede llevar a clase algunas revistas y periódicos y en grupos deben seleccionar un artículo y analizarlo. ¿Reúne las condiciones que se enumeran en este ejercicio?

2 y 3 Divida la clase en cuatro grupos. Unos tendrán que elaborar un listado de las ventajas de vivir solo, otro de las ventajas de vivir acompañado, otro de las desventajas de vivir solo, y otro de las desventajas de vivir acompañado. ¿Coinciden los argumentos que dan de las ventajas de vivir acompañado y de las desventajas de vivir solo?
Se ponen en común las ideas recogidas. Todos los estudiantes deberán tomar notas pues con ellas tendrán que elaborar un artículo sobre el tema. Es muy importante que sigan las condiciones que se presentaban en la actividad 1.

- Recuérdeles que primero es conveniente hacer un borrador seleccionando las ideas de la lista que han recogido en clase. Luego deben corregir el borrador ayudándose de diccionario, gramáticas y lo que necesiten. Por último, pasarlo a limpio.
- El día de la entrega, escoja alguna de estas opciones:

a) Cada alumno lee su artículo en voz alta. Al terminar haga una valoración del escrito. Escoja uno o dos errores, los más importantes, para que sirvan para toda la clase.
b) En parejas. Cada alumno lee su artículo al compañero y este le corrige donde crea conveniente.
c) Intercambie los artículos entre ellos, de forma que corrijan en parejas cada artículo.

Si lo cree conveniente, pídales a algunos estudiantes que reescriban el artículo con las correcciones pertinentes.

4 Infórmeles de que van a leer un artículo sobre el tema de la inmigración. Individualmente durante la lectura tienen que localizar los seis errores. Lo ponen en común con el compañero, además de comentar si este texto cumple las condiciones para ser un buen artículo.

SOLUCIÓN

1 efectúan (línea 1) **2** inmigración clandestina (línea 5) **3** inmigrantes ilegales (línea 12) **4** huyen de países (línea 16) **5** los magrebíes **que** emigraron (línea 22) **6** encontraron **en** este país (línea 24)

EJERCICIOS PRÁCTICOS (pág. 147)

1 perfecto / perfección
paciente / paciencia
confiado / confiar
fácil / facilidad
grande / grandeza
rico / riqueza
demente / demencia
perezoso / pereza
bello / belleza
aburrido / aburrimiento

2 **1** a los que / a quienes **2** con el que / con quien **3** con el que / con quien **4** el que / quien **5** con la que / con quien **6** con el que **7** por la que **8** a quien / al que **9** del que **10** por las que **11** con la que **12** donde

3 **1** Lo que más me molesta de Óscar es que no me avise cuando va a llegar tarde. **2** Lo que más me gusta es que me regalen flores. **3** Lo que más valoro es que Teresa y Mavi dediquen su tiempo libre a cuidar a los demás. **4** Lo que más siento es que hayáis tenido que pasar la Navidad allí solos, sin la familia. **5** De mi trabajo lo que más me gusta es tener vacaciones, Semana Santa y Navidad. **6** A mis padres lo que les gusta es que vayamos a verlos con frecuencia.

4 **1** No te imaginas lo preciosa que es esa ciudad. **2** No te imaginas lo bien que canta. **3** No te imaginas lo lejos que vives. **4** No te imaginas lo rico que es. **5** No te imaginas los buenos amigos que son. **6** No te imaginas lo chismoso que es. **7** No te imaginas lo espeluznante que es. **8** No te imaginas lo poco que come.

5 **1** triste **2** divertido **3** verdadero **4** profundo **5** impaciente **6** oportuno **7** leal **8** fácil

AUTOEVALUACIÓN (Unidades 3 y 4)

1 **1** rehogar **2** rallar **3** batir **4** hervir **5** condimentar **6** picar **7** hornear **8** añadir

2 **1** c **2** b **3** a **4** c **5** c

3 **1** Igualdad **2** Libertad **3** Reciprocidad **4** Discreción **5** Justicia **6** Complicidad

4 **1** Encontré un cartel en el que apenas se leían las palabras. **2** Al final del pasillo había una escalera por la que subimos al primer piso. **3** Con la ducha me libré del polvo que había acumulado en el viaje. **4** Aquel es Peter, la persona que dirige la empresa con ayuda de David Fernández. **5** Es la hora a la que tiene que volver a la oficina. **6** Nunca suprimos la razón por la que la mataron. **7** Sacó la carta del bolsillo en el que la había metido hacía una hora. **8** Arriba a la derecha figura la fecha en la que se realizó el último trabajo de reparación. **9** Había unos canalones por los que el agua de la lluvia caía a la calle. **10** Dio gracias a Luisa, la cual estaba ocupada ordenando el escritorio. **11** Vio las ventanas que estaban encima del lugar en el que había caído el herido. **12** Ramón miró la primera página del contrato en la que figuraba el nombre del propietario del piso. **13** Conozco a tres personas a las que han entrado a robar en su casa y no lo han denunciado. **14** La lancha en la que nos llevó a la parte del puerto estaba en el trasatlántico.

5 Una tarde estaba un conejo frente a un río, pensando la manera de cruzarlo, cuando escuchó una voz que venía del agua y le preguntaba:

- ¿Qué haces tan pensativo, conejo?

El conejo miró hacia el río y descubrió a un lagarto, a quien respondió:

- Pienso la manera de llegar al otro lado del río. ¿No podrías llevarme tú?

El lagarto sonrió y se le iluminaron los ojos, pues se imaginó lo rico que estaría ese conejo como almuerzo.

- Claro que sí, amigo conejo. Yo te llevo, pero cuando lleguemos a la otra orilla, te comeré.

El conejo, que era valiente, le contestó:

- Está bien, lagarto, pero prométeme que solo me comerás cuando hayas llegado.

El lagarto aceptó y acercó su cola a la orilla, para que el conejo se subiera (...)

Justo cuando estaba a punto de llegar a la otra orilla, el conejo pegó un salto y tocó tierra antes que el lagarto. Entonces fue corriendo a su cueva a esconderse. El lagarto, furioso, llegó hasta la cueva y comenzó a excavar con sus patas. Tanto cavó que se quedó atrapado en el hoyo que había hecho.

El conejo, que había salido por el otro lado, lo miró y exclamó:

- ¡Pero que lagarto tan tonto! –Y se echó a reír.

Al oír las carcajadas, el lagarto se dio cuenta de que el conejo estaba cerca y abrió la boca para hacerle creer que era la entrada de la cueva.

Pero el conejo, que era muy listo, se dio cuenta y saludó como si las hileras de dientes no se vieran.

- ¡Buenos días, cuevita!
- Buenos días, conejito. –Dijo el lagarto como pudo.
- ¡Qué cueva más habladora!, será mejor cerrarla.

Y con gran rapidez, tomó una piedra muy grande y la echó en la boca abierta del lagarto. Y, después, escapó feliz del lagarto, que tardó mucho en volver a cerrar su boca y en salir del hoyo que él mismo había cavado.

Consumo

5

A La publicidad

OBJETIVOS
Comunicación: Hablar de publicidad.
Hacer reclamaciones.
Gramática: El estilo indirecto.

ANTES DE EMPEZAR

Puede pedir a los alumnos que traigan ejemplos de anuncios publicitarios a clase: recortes de periódicos o revistas, de propaganda comercial, de catálogos, impresiones de internet, fotografías de carteles publicitarios, transcripciones de anuncios de la radio, etc. Una pregunta interesante para hacer a los alumnos es: *¿Hasta qué punto os influye la publicidad?, ¿Creéis lo que dicen los anuncios de sus productos?* Como se sabe, algunas personas son más sensibles que otras a la publicidad. Puede surgir una discusión muy interesante de por qué compramos lo que más anuncian, qué resortes emocionales mueven los publicistas: ¿la envidia, la frustración, el deseo, la soledad, la insatisfacción en general?

HABLAR

1 Actividad de interacción oral. Entre todos se comenta cuál es el medio que le molesta más. Para fomentar el debate invite a los alumnos a pensar en diferentes anuncios publicitarios, que los describan y que digan en dónde han visto publicitado ese producto. Se puede aprovechar para hablar en clase de las diferentes maneras de anunciar un producto: el tipo de lenguaje, el tipo de imágenes, etc.

2 Llame la atención de los estudiantes sobre los tres anuncios y comenten qué se anuncia en cada uno y cuál les parece el más original. También haga que digan en qué medio o qué método creen que es más adecuado para vender los productos anunciados. También pueden imaginar los lugares donde aparecerán los anuncios.

3 Distribuya a los alumnos en parejas para analizar los tres anuncios según las pautas dadas en la tabla. Puesta en común con toda la clase.

SOLUCIÓN

Nombres abstractos: anuncio 1: *Carácter, Personalidad. Estilo. Elegancia.*
Imágenes sorprendentes: Anuncio 2: El ojo aparece fuera de su sitio, sugiriendo la “descolocación” que produce el dolor de cabeza. Anuncio 3: Es sorprendente ver juntas las imágenes de la luna y de un clavo retorcido, lo que provoca interés para saber qué anuncian.
Repetición de palabras: Anuncio 3: Aparece dos veces la palabra *neumático*, lo que nos da la clave del producto anunciado.
Referencias culturales: Anuncio 3: Por una parte hace referencia a la llegada del hombre a la luna y por otra, el clavo nos recuerda a la causa principal de un pinchazo en los neumáticos.
Frases publicitarias: Anuncio 2: La frase *Recupera tu cabeza* hace referencia a la expresión “perder la cabeza”. Se puede “perder la cabeza” (=enloquecer) por varias razones, entre ellas, un dolor fuerte, parece decir el anuncio. Anuncio 3: Las dos frases son algo enigmáticas, con el fin de atraer la atención de los consumidores.

ACTIVIDAD EXTRA

Se divide la clase en parejas o grupos y se reparte a cada equipo un producto. Deles diez minutos para elegir el método publicitario más adecuado para ese producto y para que creen un eslogan.

ESCUCHAR

4 Actividad de comprensión oral. Los alumnos escuchan la conversación entre Conchi y Álvaro comentando los anuncios anteriores y completan los huecos. Después lo corrigen todos juntos y comparan la opinión de Conchi y Álvaro con las opiniones que cada grupo o pareja ha defendido anteriormente.

SOLUCIÓN

1 lo más importante / las técnicas tan distintas han utilizado
2 muy clásica / una imagen sorprendente y chocante
3 la llegada del hombre a la luna

HABLAR

5 Para hacer esta actividad se pueden utilizar los anuncios de la actividad 1. Usted puede coger esos anuncios e ir diciendo frases como:
- *Mientras que en este anuncio utilizan muchos colores, en este otro solo utilizan el blanco y negro.*
- *La imagen es relajante, quiere transmitir la idea de tranquilidad, calma, sosiego…*
- *Por otro lado, este otro anuncio quiere transmitir el caos, el desconcierto, la desorganización…*
- *En comparación con los anuncios de los bancos, los anuncios de los automóviles son más….*

A continuación, reparta a cada pareja o grupo varios anuncios y tendrán que ir creando frases con las expresiones que se acaban de presentar.

COMUNICACIÓN

En el cuadro se sistematizan recursos que se utilizan para argumentar. Léalo con sus alumnos y pídales que añadan otras expresiones.

GRAMÁTICA

6 Para iniciar la actividad, pregunte a los alumnos si alguna vez se han sentido engañados con la publicidad. Se les puede mostrar un eslogan muy famoso en España: *Busque, compare y si encuentra algo mejor, cómprelo.* Pueden comentar el significado del eslogan: te da la oportunidad de elegir, mientras que otros te hacen falsas promesas, que al final, producen frustración. Pregunte a los alumnos si alguna vez alguien se ha sentido engañado por el eslogan de alguna marca publicitaria. Seguro que alguien tiene alguna anécdota que contar. Si no es así, usted puede contar alguna o incluso inventársela.

• A continuación proponga a algunos alumnos leer en voz alta las situaciones de esta actividad. Puede escribir en la pizarra las frases en estilo directo, a la izquierda, y las frases en estilo indirecto, a la derecha. Así irá subrayando los tiempos verbales que se utilizan en uno y otro estilo para establecer la correlación.

Además del cambio de los verbos hay otros cambios. Se puede guiar al alumno para que reconozca los otros cambios y, entre todos, ir estableciendo el cuadro de los cambios de estilo directo a estilo indirecto.

ACTIVIDAD EXTRA

Anime a que dramaticen las situaciones. Por ejemplo, con la situación número 1, primero el diálogo en estilo directo por teléfono y después cuando el cliente va a recoger el coche y se queja al mecánico porque su coche no está arreglado.
Estas representaciones pueden ayudar al profesor para especificar el tipo de entonación que se debería emplear en cada una de las situaciones. No es el mismo tono el que utilizará el cliente de una agencia, que el hijo que le reprocha algo a sus padres, etc.

COMUNICACIÓN

En el cuadro se sistematiza el uso del estilo indirecto para quejarse de que una promesa no se ha cumplido. Individualmente lo leen y aclaran las dudas.

• Ver pág. 148 del libro del alumno.

7 Actividad controlada para practicar el estilo indirecto. Se puede hacer en parejas y corregir con todo el grupo. Durante la corrección, deténgase en cada frase para que los alumnos señalen los cambios que se han producido de estilo directo a indirecto.

SOLUCIÓN

1 Óscar me dijo que me apuntara a un gimnasio, que me encontraría mejor.
2 José nos dijo que no saliéramos de viaje después de las ocho, que habría mucho tráfico.
3 Mi hermano me dijo que probara este vino, que me gustaría.
4 Mi madre me dijo que la esperara aquí, que enseguida volvería.
5 Mi padre me dijo que no cogiera su coche, que lo necesitaba él.
6 Elena me dijo que mañana no hiciera comida para ella, que no podía venir a mediodía a casa.
7 Mi marido me dijo que no hablara tan alto, que me iban a oír los niños que estaban en su dormitorio.
8 Mi amigo Pablo me dijo que le esperara en el aeropuerto, que vendría a buscarme.
9 Mi amiga Andrea me dijo que no me comprara ese vestido, que era demasiado caro.

10 Mi médico me dijo que no me preocupara, que con estas pastillas el niño se pondría bien.
11 Rita me preguntó si íbamos a comprarnos una casa en la montaña.

9 Para sistematizar los usos comunicativos del estilo indirecto, pida que vuelvan a leer las frases de la actividad anterior y señalen qué intención tiene el hablante en cada una. Se hace individualmente y se pone en común con todo el grupo.

SOLUCIÓN

1 a **2** a **3** a **4** d **5** f **6** d **7** e **8** d **9** f **10** a **11** c

B Dinero

OBJETIVOS
Comunicación: Hablar de bancos, dinero y compras.
Vocabulario: Léxico de la economía.

ANTES DE EMPEZAR
Lleve al aula algún artículo de la sección de economía del periódico que utilice en sus titulares palabras clave de la unidad. Podría leer los titulares y preguntar el significado de esas palabras y titulares a los alumnos.

VOCABULARIO

1 Actividad de interacción oral para iniciar la sección en la que los alumnos comentarán si se consideran una persona ahorradora o bien piensan que el dinero es para gastarlo. Haga que todos den su opinión al respecto.

2 Actividad para repasar el léxico de los bancos. Antes de relacionar las palabras con las definiciones, haga una lluvia de ideas sobre los términos referidos a los bancos. Después, en parejas tratan de relacionar los términos con su significado. Se corrige entre toda la clase.

- Para terminar, puede hacer preguntas del tipo: *¿Alguna vez os han duplicado tarjeta de crédito?, ¿Alguna vez habéis cobrado un sueldo?, ¿Es normal en tu país utilizar cheques?, ¿Qué es más frecuente en tu país: pagar al contado o pagar con tarjeta?...*

SOLUCIÓN

1 d **2** c **3** a **4** f **5** j **6** g **7** h **8** e **9** i **10** b

3 Individualmente leen las frases y las completan con una palabra de la actividad anterior. Haga una ronda rápida para la corrección.

SOLUCIÓN

1 hipoteca **2** tarjeta de crédito **3** cartilla de ahorros **4** sueldo **5** préstamo **6** interés

ESCUCHAR

4 Explique que van a escuchar una entrevista a un sociólogo que habla sobre si el dinero da la felicidad o no. Antes, deje unos minutos para que lean las frases. A continuación ponga un par de veces la grabación para que señalen la respuesta correcta. Durante la corrección haga que justifiquen su opción, y digan por qué han descartado las otras dos. Si lo considera necesario, puede dar la transcripción (pág. 175).

SOLUCIÓN

1 c
2 b
3 a
4 c
5 b

HABLAR

5 Pueden realizar esta actividad en grupos o en parejas. Se les puede pedir que busquen en la historia personajes famosos o con mucho dinero que han sido desgraciados. Puede llevar el ejemplo de Amy Winehouse, Robin Williams, etc.
Aproveche este debate para hacer hincapié en la expresión de la condición que ya se ha trabajado en la unidad 3: *Si yo tuviera dinero, sería más feliz porque..., Si Amy Winehouse no hubiera sido tan rica...*, etc.

ACTIVIDAD EXTRA

Pídales que elaboren un párrafo con su opinión personal y teniendo en cuenta todas las ideas recogidas sobre el tema: ¿El dinero da la felicidad? Es interesante que cada uno lo lea en voz alta y usted lo comente.

LEER

6 Actividad introductoria al texto de la actividad siguiente. Fomente un intercambio de ideas para que todos den su opinión y testimonio sobre las compras a través de internet: si han comprado por internet, si les parece más cómodo, seguro, barato...

7 Individualmente leen el texto "Hacer la compra por internet" y lo completan con una de las expresiones del recuadro. Esta actividad se puede llevar a cabo de forma individual o en parejas. Otra posibilidad puede ser elaborar un listado de ventajas y desventajas que supone hacer la compra por internet.

SOLUCIÓN

1 f
2 h
3 b
4 c
5 g
6 e
7 d
8 a

C Comercio Justo

OBJETIVOS

Comunicativos: Hablar del Comercio Justo.
Gramática: Formación de palabras: la adjetivación.

ANTES DE EMPEZAR

Para sondear los conocimientos de sus alumnos sobre el tema de la sección, Comercio Justo, escriba en la pizarra *Comercio* y pregúnteles qué tipo de comercio conocen. Haga las preguntas necesarias para que todos participen.

1 Siguiendo con el tema del Comercio Justo haga las preguntas propuestas en la actividad. Puede añadir: *¿En caso de haber comprado algo en una tienda de Comercio Justo, qué habéis comprado?, ¿Os parece una buena idea la apertura de este tipo de tiendas?...*

2 Pida un voluntario para que lea el texto en voz alta en clase y deje unos minutos para que cada uno señale si las afirmaciones de la actividad son verdaderas o falsas. Durante la corrección en grupo, haga que justifiquen las respuestas falsas.

SOLUCIÓN

1 Verdadero. **2** Falso. (En los años sesenta se empiezan a vender productos de artesanía) **3** Falso. (La primera tienda se abrió en Holanda) **4** Verdadero. **5** Verdadero. **6** Verdadero. **7** Falso. (El Comercio Justo se basa en criterios éticos, sociales y ecológicos) **8** Verdadero.

GRAMÁTICA

En el cuadro se sistematizan los sufijos más utilizados para formar adjetivos. Escriba los sufijos en la pizarra y haga que añadan más ejemplos.
• Ver pág. 148 del libro del alumno.

3 Invite a los alumnos a buscar en el texto adjetivos formados con los sufijos del cuadro de gramática y que los anoten en un papel. Cuando ya hayan escrito todos los adjetivos, pídales que se fijen en la terminación y que hagan grupos con los adjetivos que tengan una terminación similar. Por último, tendrán que pensar las palabras de las que pueden derivar esos adjetivos.

SOLUCIÓN

Anual, mundial, comercial, responsable, sostenible, tradicional, ético, ecológico, económico, medioambiental.

ACTIVIDADES EXTRA

- Proponga el siguiente juego: los alumnos tienen que coger lápiz y papel, y en un minuto deberán escribir todos los adjetivos que recuerden que terminen en… (los sufijos que aparecen en la unidad). Gana el alumno que haya escrito más adjetivos.
- Dicte los siguientes nombres para que escriban el adjetivo correspondiente: *comercio, economía, crimen, amor, espacio, gracia, abismo, representación, cerebro, mundo.*

Solución: comercial, económico, criminal, amable, espacioso, gracioso, abismal, representativo, cerebral, mundial.

4 En parejas, completan las frases con un adjetivo derivado de las palabras del recuadro y después se corrigen en común con los otros alumnos.

SOLUCIÓN

1 amable **2** desobediente **3** independiente **4** reciclable **5** adelgazante **6** mundial **7** odioso **8** recomendable **9** ofensivo **10** históricos **11** económico

5 Individualmente leen las frases y eligen la opción correcta. Durante la corrección haga que expliquen el significado de las dos opciones no elegidas.

SOLUCIÓN

1 c **2** b **3** a **4** c **5** b

6 Hacen este ejercicio en parejas o en grupos y después se les propone inventar algunas expresiones del estilo de las que aparecen en esta actividad, es decir, que se puedan sustituir por un adjetivo con sufijo. Cada pareja o grupo leerá sus expresiones en voz alta y los primeros que acierten el adjetivo recibirán un punto. Gana la pareja o grupo que más puntos tenga.

- También puede proponer a los alumnos hacer un listado con todos los adjetivos con sufijos que han salido en la unidad y agruparlos por sufijos, por significado, por si derivan de un verbo, de un sustantivo, etc.

SOLUCIÓN

1 Ruidoso **2** Peligroso **3** Protectora **4** Aburrido / Repetitivo **5** Repelente **6** Relajante **7** Semanal

D Comunicación y cultura

OBJETIVOS

Hablar y escuchar: Aclarar situaciones.
Leer: Historia del turrón.
Escribir: Carta de reclamación.

HABLAR Y ESCUCHAR

1 Ponga la grabación con el libro cerrado y pregunte a los alumnos qué han entendido. Luego ya con el libro abierto, leen y escuchan a la vez. Para terminar, comentan entre todos la pregunta que se formula.

COMUNICACIÓN

Lea con los estudiantes las expresiones del recuadro que se utilizan para aclarar una situación.

2 Después de completar los microdiálogos haga que cambien de pareja y practiquen con otra información.

3 Tomando como modelo el diálogo de la actividad 1, los estudiantes, en parejas, reproducen un diálogo cambiando la información que aparece en negrita. Sugiérales que continúen la conversación haciendo más preguntas.

4 Ponga la grabación sin pausas y pregunte cuál es el contenido de la conversación: Yolanda llama por teléfono a su amigo Daniel para quedar. Haga que digan el máximo de información que hayan retenido. Luego pídales que lean las preguntas, ponga de nuevo la audición para que anoten las respuestas y pónganlo en común.

SOLUCIÓN

1 c
2 b
3 b
4 a
5 c

LEER

1 Comience haciendo las preguntas que se proponen en la actividad. El objetivo es averiguar qué saben los alumnos del turrón. Para ello, antes de leer el texto señalan verdadero o falso. Luego se lee el texto individualmente y se aclara entre todos el vocabulario y las expresiones que ofrezcan dudas.

SOLUCIÓN

1 Verdadero. 2 Falso. (Se elabora con almendras, miel y azúcar) 3 Falso. (El turrón lo come todo el mundo en las fiestas de Navidad) 4 Falso. (Puede ser duro, blando, de yema, de crema, de nieve, de chocolate, de praliné, etc.)

2 Entre varios alumnos vuelven a leer en voz alta el texto "Dulce navideño". Haga las preguntas, que aparecen en la actividad, oralmente y para que se contesten entre todos. Pídales que señalen la información de las respuestas en los textos.

SOLUCIÓN

1 En el siglo XII se sitúa en la península arábiga. Los árabes trajeron este postre a las costas del Mediterráneo, en particular a España e Italia. 2 En Navidad. 3 Comunidad Valenciana (Alicante). 4 Se escalda al vapor, se seca, se clasifica y selecciona, y se tuesta o no. 5 Duro, blando, yema, crema, nieve, praliné, chocolate, licores. 6 Iberoamérica, Extremo Oriente, Japón, Reino Unido, Alemania y Francia.

ESCRIBIR

1 Lleve a clase una carta de reclamación real o utilice la misma que aparece en la actividad 1. Pueden leer la carta en voz alta y pida que señalen el número de párrafos que hay, los conectores que encuentran en el texto, etc. El objetivo es que el alumno sea consciente de la estructura de una carta de reclamación.

COMUNICACIÓN

En el cuadro se sistematizan las estructuras y expresiones que se utilizan normalmente en una carta de reclamación. Pregunte a los estudiantes si conocen más fórmulas para que las añadan.

2 Ahora leen entre todos las instrucciones de la actividad. Divida la clase en grupos y pida a cada grupo que piense en una situación similar a la del *camping*. Por ejemplo, la compra de una camisa por catálogo y le envían mal la talla, el color, etc.; la reserva de un hotel y cuando llegan, no tienen el régimen contratado, la habitación es interior, etc.
Una vez que cada grupo ha ideado una situación ficticia de una promesa no cumplida, recoja las situaciones y repártalas entre los grupos.
Cada grupo recibe una situación y tiene que escribir una carta de reclamación siguiendo las pautas que se han visto en clase.
Las cartas pueden ser escritas en una transparencia para poder después proyectar el texto en el aula e ir corrigiendo los errores entre todos.

EJERCICIOS PRÁCTICOS (pág. 149)

1 1 María le dice / ha dicho a su hijo que no coma más chocolate, que se pondrá enfermo. // María le dijo a su hijo que no comiera más chocolate, que se pondría enfermo. 2 María le dice / ha dicho a su marido que compre más fruta. // María le dijo a su marido que comprara más fruta. 3 El guía turístico les dice / ha dicho a los turistas que vuelvan al autocar dentro de quince minutos. // El guía turístico les dijo a los turistas que volvieran al autocar dentro de quince minutos. 4 Mi madre me dice / ha dicho que me ponga el abrigo, que hace frío. // Mi madre me dijo que me pusiera el abrigo, que hacía frío. 5 Jorge le dice / ha dicho a su mujer que le comprará un coche deportivo para su cumpleaños. // Jorge le dijo a su mujer que le compraría un coche deportivo par su cumpleaños. 6 Agustina le dice / ha dicho a su jefe que no se preocupe, que terminará el informe antes de las doce. // Agustina le dijo a su jefe que no se preocupara, que terminaría el informe antes de las doce.

2 1 iba / estaba 2 pagara / tenía 3 terminara / tenía 4 podía / renovaba 5 comprarían / arrepintieron 6 pagaran / cobrarían

3 1 educativo 2 desaparecido 3 legible 4 empobrecido 5 descompuesto 6 visible 7 conocido 8 sensible 9 informativo 10 comprensible

4 1 visibles 2 informativo 3 sentida 4 desaparecido 5 empobrecidas

5 1 ruidosos 2 independiente 3 económico 4 habitual 5 poderoso 6 profesional 7 inteligente 8 celoso 9 horrorosa 10 discutible

Medios de comunicación

6

A La televisión

OBJETIVOS

Comunicación: Leer y hablar sobre la televisión.

Gramática: Expresar finalidad: *para (que), con el fin de (que), con el objeto de (que), que.*

ANTES DE EMPEZAR

Invite a los alumnos a observar las imágenes que aparecen en la sección y pregúnteles: *¿Creéis que son imágenes características de España?, ¿Podrían ser de vuestros países?, ¿Por qué?...* Fomente un intercambio de ideas en el que participen todos.

HABLAR

1 Siguiendo con el tema de la televisión haga preguntas a los estudiantes como las que aparecen en esta primera actividad: *¿Conoces a alguien que no tenga tele?, ¿Qué tipo de persona es?, ¿Es normal en tu país no tener tele?...*

2 y **3** De manera individual leen las preguntas de la encuesta *Tú y la televisión*. Tras la lectura se juntan con un compañero y se hacen la encuesta mutuamente. Se puede pedir a una pareja que exponga sus conclusiones. Un tercer alumno (o bien usted) puede ir apuntando en la pizarra las respuestas en diferentes columnas:

1	2	3	4	5	6	7
3 h	Noticias	Sí	Mala	La une...	No	Sí

Tras las respuestas de la primera pareja, se pueden ir viendo los puntos de vista del resto de la gente de la clase y después sacar entre todos conclusiones.

Puede hacer a los alumnos las siguientes preguntas:

- *¿Para qué creéis que introducen los anuncios publicitarios en mitad de las películas?*
- *¿Con qué fin se hacen en tu país los programas infantiles?* (es decir, entretener, educar, etc.)...

Las respuestas a estas cuestiones, le pueden servir como pretexto para introducir el cuadro gramatical de la unidad.

- *Yo creo que introducen los anuncios publicitarios en mitad de las películas para que la gente pueda aprovechar e ir a por un vaso de agua...*
- *En mi país los programas infantiles se hacen con el fin de entretener a los niños durante unas horas y al mismo tiempo con el fin de que aprendan los colores, los números, las letras, etc.*

- Aproveche para explicar la diferencia entre la expresión de la finalidad con infinitivo y con subjuntivo.

LEER

4 Antes de leer el texto "El selecto club de los 'sin tele'", destaque algunas palabras del texto y pida a los estudiantes que deduzcan o expliquen su significado, que digan sinónimos y antónimos, que hagan frases con ellas: *marginados, casta, destronar, altar, sedentario, hipnótico, insultados, banalidad, antitelevisión, contracorriente, devastadores.*

- Se puede pedir algún voluntario para leer el artículo en voz alta y después ir contestando a las preguntas entre todos. De esta manera puede aprovechar para establecer una comparación entre la situación en España y en otros países.

SOLUCIÓN

1 España es el país de Europa que más horas de televisión consume.
2 Una aristocracia, para algunos. Unos marginados, para otros.
3 Las personas que no ven la tele son más inquietas intelectualmente, más creativas y con ganas de dominar las riendas de su vida.
4 Unos se sienten cansados por los malos programas, otros temen que la tele perjudique la relación familiar.
5 La televisión separa a las personas que conviven en un mismo hogar.

ACTIVIDAD EXTRA

Como tarea para casa, anime a los alumnos a que escriban una carta al director de un periódico exponiendo el siguiente problema: tienen un hijo de seis años y en la televisión apenas hay productos infantiles educativos.

GRAMÁTICA

Se presenta un cuadro donde se explica la formación de las oraciones finales. Se supone que los estudiantes ya conocen el régimen (infinitivo o subjuntivo), pero aquí se presentan otros posibles conectores finales. La diferencia entre estos y la conjunción universal *para* es de registro: *a fin de que, con el objeto de...* se utilizan en contextos escritos y algo cultos.

• Ver pág. 150 del libro del alumno.

5 En parejas unen la primera parte de cada frase con la segunda, utilizando una conjunción final. Para la corrección cada pareja corrige una frase.

SOLUCIÓN

1 para que (e) **2** con el fin de (b) **3** con el objeto de (a) **4** para que (c) **5** con el fin de que (d)

6 Actividad controlada para practicar las construcciones finales. Individualmente completan las frases con uno de los verbos del recuadro en el tiempo correcto. Durante la corrección aclare las posibles dudas.

SOLUCIÓN

1 ver **2** no molestar **3** fuera **4** celebrara **5** enseñara **6** ayudes **7** dé **8** aumentara

ESCUCHAR

7 Antes de escuchar la entrevista con el sociólogo, puede proponer la lectura de los apartados de la actividad (a, b y c). Los alumnos intentan completar los huecos del texto y después escuchan la grabación y corrigen sus respuestas.

SOLUCIÓN

1 televisión **2** falta de tiempo **3** los sitios de trabajo **4** ofertas para satisfacer el ocio **5** televisión **6** las mujeres y los niños **7** aislamiento entre ellos **8** esta reunión es bastante pasiva **9** los juegos de mesa **10** las conversaciones sobre temas personales

ACTIVIDAD EXTRA

Lleve al aula diferentes programaciones de la televisión. Por ejemplo, puede llevar el apartado de programación de diferentes periódicos, una revista específica de programación, etc. Divida la clase en grupos y reparta a cada grupo una. El objetivo de la actividad es hacer un análisis de las programaciones, si conocen los programas, analizar la cantidad de informativos, películas, programas infantiles, etc., que hay en cada cadena y establecer una relación con las programaciones de su país.

Puede resultar una actividad interesante para establecer las posibles causas de una determinada programación y de una determinada sociedad a la que va dirigida. Haga de guía e intente que los alumnos utilicen las estructuras: *para (que), con el fin de (que), con el objeto de (que), que.*

B Series de televisión

OBJETIVOS

Comunicación: Hablar sobre las series de televisión.

Gramática: Expresar causa: *porque, pues, por, a causa de, como, ya que, puesto que, que, porque* + subjuntivo.

ANTES DE EMPEZAR

Invite a los alumnos a mirar las imágenes de la sección. ¿Reconocen el tipo de serie de televisión al que pertenecen? Se puede aprovechar para hablar de alguna serie que estén poniendo en esos momentos en la TV para que analicen qué tipo de serie es, cuál es su procedencia, argumento...

LEER

1 Antes de leer el artículo "Fiebre por las series de TV", llame la atención de los alumnos sobre las expresiones del recuadro y haga que las expliquen, a través de su definición, una frase, otra expresión antónima o sinónima. A continuación, individualmente leen el texto y lo completan con una de las expresiones. Corrección en grupo.

SOLUCIÓN

1 producto inteligente **2** no tienen reparos **3** moralmente inaceptables **4** sentirse próxima **5** canal de pago **6** crean una adicción **7** buenas tramas

2 En esta actividad vuelven a leer el texto rápidamente y señalan si son verdaderas o falsas las afirmaciones. Se corrige con todo el grupo.

- Aproveche el artículo para repasar los contenidos que van a ver a continuación en el cuadro de gramática. Haga preguntas como: *¿Por qué creéis que tienen tanto éxito las series de televisión?, ¿Estáis de acuerdo con las opiniones de Miguel Salvat y Domingo Corral?,...* Puede ir anotando las respuestas en la pizarra y analizando los nexos de las oraciones causales resultantes. Por ejemplo si un alumno dice: *Yo creo que las series tienen mucho éxito porque muchos de sus argumentos nos evaden de la realidad cotidiana*, puede escribir la frase en la pizarra y sustituir *porque* por otros nexos: *a causa de, ya que, puesto que, como.*

SOLUCIÓN

1 Verdadero. **2** Falso. (En los canales españoles triunfan tanto producciones propias como internacionales) **3** Verdadero. **4** Falso. (Los cineastas de prestigio no tienen reparos en trabajar para la televisión) **5** Falso. (El público se siente próximo a los personajes de *Los Soprano*) **6** Verdadero.

ACTIVIDAD EXTRA

Divida a los alumnos en parejas y haga que elijan una de las series de televisión que aparecen en el artículo para que busquen información sobre ella, y si es posible seleccionen algún fragmento para visionarlo en clase. Deje unos días para que reúnan la información y al final de cada sesión una pareja presentará la serie al resto de la clase.

GRAMÁTICA

Se presenta el cuadro de formación y uso de la expresión de la causa. Explique que las oraciones causales introducidas por *como, ya que,* y *puesto que* suelen ir delante de la oración principal, pues explican el contexto (y la causa) más o menos conocida en que se produce el hecho expresado por la oración principal. Ponga otros ejemplos para la estructura *porque* + subjuntivo.

- Ver pág. 150 del libro del alumno.

3 Actividad controlada para explicar la expresión de la causa. Individualmente eligen la opción u opciones correctas. Cada alumno puede corregir una frase y usted vaya explicando las respuestas.

SOLUCIÓN

1 por **2** Ya que / Puesto que **3** Como / Debido a que **4** a causa / por **5** que / porque **6** Ya que

ESCUCHAR

4 Explique el contexto: Mario y Ana hablan sobre las series de televisión. Antes de la escucha, deje tiempo para que lean las afirmaciones y las opciones. A continuación, ponga la grabación dos veces para que elijan la respuesta adecuada. Para terminar se pone en común con todo el grupo.

- Aproveche el contenido de la grabación para comentar con sus estudiantes qué les parece el fenómeno de las series por internet, si ellos las ven, si tienen alguna preferida, etc.

SOLUCIÓN

1 a **2** b **3** c **4** b

5 Actividad para practicar los tiempos verbales con las estructuras para expresar la causa. Los estudiantes completan individualmente las frases y se corrigen con todo el grupo.

SOLUCIÓN

1 venía
2 supiera
3 tuviéramos
4 empezó
5 va
6 quisiera / cerró

C Diarios en la red

OBJETIVOS
Vocabulario: Las secciones del periódico.
Comunicación: Hablar de la prensa.
Gramática: Conectores discursivos: *además, por eso, aunque, como.*

ANTES DE EMPEZAR

Puede comenzar analizando el estilo de lectura de los alumnos. ¿Leen de la misma forma los periódicos en su lengua materna que en español? Haga hincapié en frases hechas como: *echar un vistazo, leer por encima*, etc.

HABLAR

1 Enlace la pregunta propuesta en Antes de Empezar con la que aparece en la actividad: *¿Cuál es la forma de leer el periódico que más se ajusta a la tuya?* Deje unos minutos para que lean las ideas del recuadro, construyan su opinión y se comenta entre todos. Haga que todos los alumnos participen y no corrija errores de gramática o pronunciación durante la interacción.

2 Actividad de comprensión lectora. Los alumnos individualmente leen el texto "La prensa tradicional frente a internet" y contestan a las preguntas. Deje que utilicen el diccionario durante la lectura para que busquen el vocabulario que desconozcan.

- Después de la corrección, pregúnteles si están de acuerdo con las afirmaciones del autor.

SOLUCIÓN

1 Han disminuido los lectores, las nuevas generaciones hacen poco uso de la prensa en papel y los ingresos por publicidad no paran de disminuir. **2** Reducir costes de personal de manera importantísima. **3** Cobrar al lector un micropago por la ampliación de ciertas noticias de internet. **4** Sería una buena solución para medios muy especializados como el *Financial Times* o *Wall Street Journal*. **5** El autor del artículo piensa que los grandes periódicos deben adaptar sus estructuras a una realidad que está aquí para quedarse, y no de paso, como muchos directores y periodistas quieren creer.

3 En parejas, hacen una lectura rápida del texto y localizan cinco conectores. Se corrige con otra pareja.

SOLUCIÓN

Además
Por eso
Aunque
Sin embargo
Como

COMUNICACIÓN

En este cuadro se recogen cuatro de los conectores del discurso más utilizados. Lea con ellos los ejemplos. Puede pedirles que hagan frases con esos conectores para comprobar que comprenden su uso.

- Ver pág. 150 del libro del alumno.

4 En primer lugar se les propone contestar individualmente a la encuesta. Es posible que algún alumno no reconozca algunas de las secciones del periódico, así que puede llevar al aula varios periódicos para que ojeen las diferentes partes.

5 Distribuya a los alumnos en grupos de cuatro para que intercambien sus respuestas. A continuación exponen los porcentajes al resto de la clase y comparan los resultados. ¿Existe alguna coincidencia?, ¿Cuál puede ser la causa?, etc. Para finalizar la actividad, haga que comenten en qué formato leen el periódico y por qué.

6 Actividad controlada para practicar los conectores discursivos. Individualmente leen las frases y señalan la opción correcta. Haga una ronda rápida para la corrección.

- Haga que elaboren frases con las opciones que han descartado. Luego pida a algunos voluntarios para que las lean ante toda la clase.

SOLUCIÓN

1 Aunque
2 por eso
3 sin embargo
4 a pesar de
5 incluso

7 Actividad de léxico sobre los distintos puestos de trabajo en un periódico. Tienen que relacionar la definición con el puesto al que corresponde. Pueden hacer la actividad en parejas y verificar las respuestas con todo el grupo.

SOLUCIÓN

1 b
2 a
3 d
4 h
5 j
6 g
7 i
8 f
9 c
10 e

ACTIVIDAD EXTRA

Divida la clase en grupos y a cada uno de ellos deles una dirección de una página web de un periódico de habla hispana *on-line*. Tendrán que analizar las secciones que ofrece ese diario y buscar una noticia de actualidad. Todos los grupos tienen que buscar la misma noticia en el diario que se les ha asignado. En esa noticia tendrán que detectar los conectores que se utilizan.
Finalmente, un representante de cada grupo leerá la noticia en voz alta y se establecerán las diferencias y similitudes que existen entre ellas.
Vaya escribiendo en la pizarra los conectores que aparecen en la noticia. Al final, los alumnos pueden añadir los nuevos conectores que hayan salido en el cuadro que aparece en la página 67.

D Comunicación y cultura

OBJETIVOS
Hablar y escribir: Viendo la tele.
Leer: La vida en el bar.
Escribir: La expresión de la opinión.

HABLAR Y ESCUCHAR

1 Pida a los alumnos que lean el diálogo entre Ana y Luis, y lo completen con las frases del recuadro. Para la corrección, dos voluntarios leen la conversación completa.

SOLUCIÓN

1 quiero verlos porque nada Mireia Belmonte **2** yo prefiero ver otro capítulo de *Juego de tronos* **3** el capítulo anterior fue un poco aburrido **4** no te gustan los de viajes **5** quieres ver un documental sobre un safari **6** creo que sale Marsella

2 Ponga la grabación para comprobar las respuestas de la actividad anterior.

3 Actividad de interacción oral. Con todo el grupo vaya leyendo las preguntas sobre los medios de comunicación y anime a los estudiantes a que den su opinión.

4 Tomando como modelo el diálogo de la actividad 1, en parejas elaboran una nueva conversación que luego reproducirán ante otra pareja. Pasee por las mesas para aclarar las posibles dudas.

5 Actividad de comprensión auditiva. Ponga la grabación y pregunte cuál es el contenido: entrevista a Andrés, uno de los creadores del proyecto "Una semana sin tele". Haga que digan el máximo de información que hayan retenido. Luego pídales que lean las frases, ponga de nuevo la audición para que las completen y haga una puesta en común.
- Si lo considera necesario, distribuya la transcripción del audio (pág. 177 del libro del alumno).

SOLUCIÓN

1 14 años
2 más de cuatro horas al día
3 200 000 actos violentos en televisión
4 El 50% de los jóvenes.

6 Los estudiantes vuelven a escuchar la entrevista de la actividad anterior y contestan a las preguntas. Se recomienda poner una sola vez la grabación. Haga una ronda rápida para la corrección.

SOLUCIÓN

1 Hablar sobre ellos. 2 El autor afirma que la gente que ve mucha televisión hace menos ejercicio y tiene problemas de sobrepeso. 3 Leer, aprender a tocar un instrumento musical, quedar con los amigos, hacer algún trabajo del hogar... 4 Que no puedas hablar de los programas de televisión que has visto últimamente. 5 Que te encontrarías más sano, más feliz y con nuevas inquietudes personales.

LEER

1 Proponga a los alumnos que digan todas las palabras que les vengan a la mente cuando piensan en un bar español. Estas palabras se pueden separar en dos columnas: palabras positivas y negativas.

2 Individualmente leen el texto "Un lugar para relacionarse". ¿Son capaces de relacionar las palabras que están escritas en la pizarra con algunas de las palabras o frases que aparecen en el texto?

3 Se comentan en voz alta las preguntas que se proponen en esta actividad. Haga que todos los alumnos participen y pida un voluntario para dar el turno de palabra.

4 Cada estudiante elabora un pequeño texto en el que describe cómo son los establecimientos de ocio en su país. Puede mandarlo como tarea para casa y después pedir algún voluntario para que lo exponga a sus compañeros.

ESCRIBIR

COMUNICACIÓN

Deje unos minutos para que sus alumnos lean el párrafo.

1 y 2 La lectura de estas dos cartas puede hacerse individualmente. Cada uno va a reflexionar sobre quién cree que ha escrito cada carta. El objetivo es que argumenten de alguna manera su postura.
Tras esta reflexión, cada alumno contará sus conclusiones al resto de alumnos y presentará sus argumentos a favor de una de las dos cartas.
Durante la realización de la actividad puede guiar a los estudiantes para que utilice en su exposición el mayor número de conectores posible.

SOLUCIÓN

La primera carta ("Química y misterio") ha sido escrita por una mujer, y la segunda por un hombre.
La verdad es que es difícil acertar, pero no importa, lo importante es que los estudiantes opinen y argumenten.

3 Individualmente leen la carta y la completan con las palabras del recuadro. Se corrige en clase y aclare el vocabulario que no hayan comprendido. Se puede utilizar esta carta para hablar en el aula del arte moderno y la opinión que sobre este tema tengan los estudiantes.

SOLUCIÓN

1 se
2 y
3 en
4 de
5 y
6 en
7 se
8 de
9 hay
10 que
11 es
12 es

4 Cada alumno escribe su propia opinión sobre uno de los temas de forma individual. Es muy importante concienciar al alumno de los pasos que debe seguir para escribir su reflexión.

- Tras la escritura, pueden leerse las opiniones en clase. Un voluntario irá escribiendo en la pizarra los argumentos de cada uno y otro alumno puede ir escribiendo todos los conectores que utilicen sus compañeros.
- Finalmente, divida la clase en dos grandes grupos, uno va a escribir de nuevo una carta de opinión acerca de si se entienden o no hombres y mujeres, y otro grupo va a escribir sobre si es serio o no el arte moderno. Es obligatorio que utilicen todos los argumentos que haya anotados en la pizarra y todos los conectores. Estas dos cartas de opinión serán leídas en clase y corregidas por usted.

COMUNICACIÓN

Antes de que los alumnos escriban su opinión sobre los temas propuestos, deje unos minutos para que lean los consejos que se proponen.

EJERCICIOS PRÁCTICOS (pág. 151)

1 **Posibles respuestas.** 1 sin embargo 2 por eso 3 incluso 4 aunque 5 Como

2 1 En primer lugar 2 Sin embargo 3 Aunque 4 Por otro lado 5 en cambio 6 Por lo tanto

3 1 películas / publicidad 2 periódico / suplementos 3 informativos / radio 4 sección 5 artículos / prensa 6 volumen / mando a distancia

4 1 nacional 2 deportes 3 internacional 4 economía 5 local 6 cultural 7 programación TV 8 anuncios por palabras 9 cartelera 10 necrológicas

AUTOEVALUACIÓN (Unidades 5 y 6)

1 Usted me dijo que merecía la pena arreglar el vídeo, que me lo arreglarían en una semana, que quedaría como nuevo, que me duraría por lo menos otros diez años, que el arreglo no me costaría muy caro y que no me daría problemas de aquí en adelante, y ahora llego a casa y empieza a fallar de nuevo...

2 1 tarjeta 2 cuenta 3 factura 4 ganar 5 préstamo 6 hipoteca 7 descuento 8 cartilla

3 1 sueldo 2 cuenta bancaria 3 crédito 4 tarjeta de crédito 5 facturas 6 dinero 7 descuento 8 préstamo 9 interés 10 hipoteca

4 1 con el fin de 2 para que se pueda 3 con el objeto de que... mejoren 4 para entregar 5 para que... presentaran

5 1 Llamé a Enrique para que me prestara su coche. 2 Abre la ventana para ventilar la habitación. 3 80 000 personas se reunieron con el objeto de protestar por la subida de los precios. 4 Hemos cambiado de casa para que los niños tuvieran más espacio. 5 Ayer avisamos al fontanero para que pusiera un grifo.

6 1 La televisión en internet. 2 Desde un punto de vista pedagógico se pueden aprovechar los dos. 3 Para no ser víctimas del engaño y la manipulación. 4 Ya que los medios muestran una realidad que depende de sus intereses económicos y políticos; que son finalmente empresas. 5 Quien posee la información tiene el conocimiento y vale más que el oro o el café.

7 Ocio

A Ir al cine

OBJETIVOS
Vocabulario: Léxico de cine.
Comunicación: Hablar de películas.
Elaborar y leer una crítica de una película.

ANTES DE EMPEZAR
El tema de la sección es el cine. Inicie la sesión animando a sus alumnos a que comenten con sus compañeros cuándo fueron la última vez al cine y qué vieron.

HABLAR

1 Si considera que a sus estudiantes les interesa el tema del cine, puede intentar conseguir alguna de estas películas y seleccionar algunas escenas para visionarlas en el aula. De esta forma los alumnos podrían escuchar las voces y los diferentes acentos.

- Si alguien ha visto alguna de estas películas, puede contar al resto el argumento, decir si le ha gustado o no, por qué, etc. Por otro lado, en internet no será difícil encontrar referencias a todas ellas. Anime a sus alumnos a buscar información.

2 Puede comenzar la actividad usted mismo contando cuál ha sido la película que más le ha gustado últimamente. Así sirve de ejemplo para el resto:
- *La película que más me ha gustado últimamente ha sido... porque cuenta la historia de...; el director es... y tiene un reparto excelente. En la película trabajan...*

Puede ir anotando al mismo tiempo en la pizarra estructuras como: *cuenta la historia de, tiene un reparto..., se rodó en,...*
También puede ir adelantando palabras que aparecerán en la siguiente actividad.

ESCUCHAR

3 Explique el contexto: dos personas van a contar el argumento de dos películas famosas. Individualmente escuchan la grabación y completan las fichas. Dos voluntarios corregirán la actividad.

SOLUCIÓN

RAÚL
Título: *La lengua de las mariposas.*
Tema: La relación entre un profesor y un niño en el contexto de la Guerra civil española.
Director: José Luis Cuerda.
Argumento: Durante la Guerra civil española, un maestro mayor, con una pedagogía muy activa, es acusado por parte de los partidarios de Franco y condenado a muerte. Uno de sus alumnos tiene sentimientos contradictorios respecto de su profesor.
Actores: Fernando Fernán Gómez y Manuel Lozano.
Opinión personal: Es un poco triste, una tragedia, pero muy realista.

LAURA
Título: *No sos vos, soy yo.*
Tema: Es una comedia. Trata de una pareja de jóvenes enamorados a la que les surgen una serie de problemas.
Director: Juan Taratuto.
Argumento: Una pareja decide casarse y establececerse en Estados Unidos. Ella se va primero y cuando él va al aeropuerto a reunirse con ella, recibe una llamada de su novia diciéndole que se ha enamorado de otro.
Actores: ----
Opinión personal: Estupenda, es una película muy divertida.

VOCABULARIO

4 Habrá vocabulario que ya conocen por la actividad anterior y el resto tienen que intentar deducirlo por el contexto o buscarlo en el diccionario.

- Una vez corregida la actividad, puede hacerles preguntas como: *¿Alguien recuerda alguna anécdota del rodaje de alguna película famosa?, ¿Alguna vez has ido a un casting?, ¿Cuál es tu banda sonora favorita?...*

SOLUCIÓN

1 banda sonora 2 secuencia 3 largometraje 4 cortometraje 5 rodaje 6 plató 7 *casting* 8 argumento 9 director

HABLAR

5 Divida a la clase en grupos de cuatro y déjeles quince minutos para que hablen entre ellos y se cuenten películas que les hayan impresionado y por qué. Durante la realización de la actividad vaya pasando por los diferentes grupos para escuchar las impresiones de los alumnos.

6 Esta actividad también se podría hacer con toda la clase. El objetivo es utilizar todo el léxico que se ha visto hasta ahora, así que la persona que cuenta la película puede decir el argumento, el género al que pertenece, los actores que trabajan en esa película, etc. El resto de estudiantes tiene que escuchar y tratar de averiguar el título de la película.

LEER

7 Inicie la sesión preguntanto si han visto *El secreto de sus ojos*. Si hay alguien en clase que la haya visto, puede intentar responder a las cuatro preguntas que aparecen en esta actividad. Si no sabe alguna pregunta o nadie en clase ha visto esta película, leerán el texto y contestarán directamente las cuestiones.

SOLUCIÓN

1 Benjamín Expósito, empleado en un juzgado penal; Ricardo Morales, marido de la joven asesinada; Sandoval, colaborador de Benjamín Expósito; Irene, secretaria del juzgado. 2 Es una película policíaca y de amor. 3 La historia transcurre en un juzgado penal y en la escena del crimen. 4 La película hace un retrato de lo cotidiano, y habla de emociones.

ESCRIBIR

8 Esta actividad se puede hacer en grupos. Tienen que intentar proporcionar la máxima información posible porque después tendrán que leer su crítica en voz alta y habrá una votación para elegir una de esas películas para proyectarla en clase.

ACTIVIDAD EXTRA

Reparta a cada estudiante una tarjeta en la que aparezca el título de alguna película conocida. (También cabría la posibilidad de que el propio estudiante decidiese, él mismo, el título de la película).
El resto de la clase tiene que hacerle todo tipo de preguntas para que él responda solamente *sí / no*. El objetivo es averiguar el título de la película y practicar todo el léxico que se ha visto en esta sección.

B ¿Bailas?

OBJETIVOS

Comunicación: Hablar sobre actividades de tiempo libre.

ANTES DE EMPEZAR

En esta sección se va a hablar de actividades de tiempo libre. Haga una lluvia de ideas con sus alumnos sobre este tema para activar el vocabulario conocido.

1 Invite a los alumnos a reflexionar sobre las dos imágenes que aparecen en la actividad y pregúnteles: *¿A qué tipo de baile hacen referencia?, ¿Os gusta bailar?, ¿Qué bailáis habitualmente?, ¿Conocéis algún tipo de baile típicamente español?, ¿Cuál?...*

- Aproveche esta primera actividad para introducir léxico relacionado con diferentes tipos de bailes: *tango, salsa, rumba, merengue, pasodoble, mambo, chachachá*, etc.

ESCUCHAR

2 Explique que van a oír algunas noticias sobre acontencimientos culturales, y que durante la escucha tienen que ir leyendo y corrigiendo los resúmenes. Antes de ponerles la grabación, aclare el significado de algunos términos que van a oír. Otra opción es escribir los términos sin explicar el significado y pedirles que lo adivinen por el contexto.

- *estará arropada*: estará acompañada.
- *montaje*:
- *palos del flamenco*:

- *ristra* (de grupos musicales):
- *mestizaje:*
- *nutrido:*
- *correr a cargo de:*

• Dé información sobre Manuel de Falla: (Cádiz, 1876 - Argentina, 1946). Importante compositor de música española, autor de la conocida obra *Noches en los jardines de España*. En 1922 montó junto a Federico García Lorca un festival de "Cante jondo".

• A continuación se les pondrá la grabación y tienen que cotejar la información escrita con la oral y establecer las diferencias.

SOLUCIÓN

1 27 de agosto / Ballet Famenco en Andalucía / la tragedia y la pasión
2 Viñarock / grupos de la casa / Medina Azahara
3 La última semana / compañía catalana Mal Pelo
4 del 17 al 29 de enero / Teatro Albéniz de Madrid / Tango Brujo / dos hermanos enamorados de la misma mujer.

HABLAR

3 Distribuya a los alumnos en pequeños grupos y pídales que elaboren una lista de beneficios del baile que después comentarán con sus compañeros.

• Se proporciona una lista de beneficios en la que se puede basar para presentar el léxico adecuado para sus alumnos.

La práctica regular del baile proporciona una serie de beneficios que repercutirán en una mejora de la salud.

• Al mover y levantar las piernas, se activa y mejora la circulación de la sangre al corazón.
• Bailar ayuda a mantener en forma los reflejos.
• Hace que la respiración sea más beneficiosa, ya que fortalece los pulmones.
• Todo ejercicio regula la tensión arterial.
• Fortalece los músculos y los huesos, disminuyendo el riesgo de padecer osteoporosis.
• Mejora la flexibilidad de todas las articulaciones.
• Ayuda a reducir el colesterol, a eliminar sustancias tóxicas del cuerpo y a controlar el peso.
• Contribuye a conciliar el sueño con mayor facilidad.
• Mantiene el cerebro en forma, pues se requiere concentración durante el tiempo que dura el baile.
• Trabaja la coordinación y la memoria visual, porque hay que evitar perder el ritmo de la música.

CUIDA Y DIVIERTE

Vitalidad: El baile aumenta la energía vital.
Autoestima: Aumenta la seguridad, al sentirnos capaces de seguir el ritmo.
Amistad: Acudir a clases de baile regularmente fomenta el sentimiento de unión y de pertenencia a un grupo entre quienes lo practican.
Evasión: Mientras bailamos, estamos pendientes de seguir el ritmo y conseguimos olvidarnos por un tiempo de los problemas.
Expresión: El baile permite expresar corporalmente las sensaciones y sentimientos de manera más natural y desinhibida.

ACTIVIDAD EXTRA

El objetivo de la actividad es elaborar una agenda sobre acontecimientos culturales de la ciudad donde estén. Como tarea para casa pida a sus alumnos que seleccionen una actividad cultural que se celebre ese mes en su ciudad, anotando precio, fecha, lugar, características. Luego se pone en común con toda la clase y se hace la agenda cultural del mes, que se pegará en las paredes del aula. Para ello lleve el material necesario.

4 Se puede realizar la actividad siguiendo las instrucciones del libro o se puede llevar a cabo de la siguiente manera: divida la clase en parejas. Escriba cada una de las actividades que aparecen en la actividad en una tarjeta. Dé a la primera pareja una de las tarjetas en las que aparece una actividad y durante un minuto tienen que hablar sobre dicha actividad (30 segundos cada integrante). La información que los alumnos proporcionen puede ser ficticia. Es importante que resalten los beneficios que les aporta la práctica de la actividad que les ha tocado. El resto de parejas tiene que ir apuntando los errores que cometan sus compañeros.

5 Actividad de interacción oral. En grupos de cuatro los alumnos hablan de su actividad preferida en su tiempo libre. Para iniciar el diálogo haga que se guíen por las preguntas que aparecen en el recuadro.

LEER

6 Actividad de comprensión lectora. Infórmeles de que van a leer una entrevista a Tamara Rojo, una importante bailarina española, y tienen que relacionar las preguntas con las respuestas. Hacen el ejercicio individualmente, y para la corrección dos voluntarios lo representan: uno es el entrevistador y el otro la entrevistada.

SOLUCIÓN

1 A **2** E **3** D **4** C **5** G **6** B

7 Pídales que vuelvan a leer rápidamente el texto de la actividad anterior, señalen diez adjetivos valorativos y escriban con ellos una frase. Puesta en común con todo el grupo.

SOLUCIÓN

archiconocida	estética
magnífica	brillante
auténtica	significativa
superior	rebelde
exigente	palpables

C No imaginaba que fuera tan difícil

OBJETIVOS

Comunicación: Hablar de percepciones y opiniones.

Gramática: Indicativo o subjuntivo con verbos de opinión o percepción física o intelectual.
Oraciones independientes: *no sabía que...* + indicativo o subjuntivo.

ANTES DE EMPEZAR

Para comenzar la sesión, haga que sus estudiantes se fijen en la imagen, sin leer los bocadillos, y que hagan hipótesis de lo que están haciendo.

1 Individualmente leen las cinco opiniones que aparecen en la actividad. Puede elegir al azar varios alumnos y preguntarles con qué opinión se identifican más y por qué. Al mismo tiempo que van expresando su opinión, puede ir anotando en la pizarra las estructuras que los propios alumnos utilizan para ello. Escriba todas estas estructuras en una columna y a continuación, en otra columna paralela, escriba las estructuras de las opiniones de las cinco personas de la actividad y haga las siguientes preguntas: *¿Cuáles son los verbos que introducen la opinión?, ¿Qué tiempo verbal se utiliza en la oración subordinada?*

- Con estas cuestiones y ejemplos que vaya escribiendo, se explicará y sistematizará la expresión de la opinión.

GRAMÁTICA

En el cuadro se presenta el doble régimen (indicativo o subjuntivo) que pueden seguir las oraciones subordinadas sustantivas dependientes de ciertos verbos. Aunque la regla general dice que, cuando la oración principal es negativa, el verbo subordinado debe ser el subjuntivo (*Yo no creo que este año* ***gane*** *la liga el Real Madrid*), lo cierto es que en unas pocas ocasiones, el hablante utiliza el modo indicativo para subrayar que lo expresado por la subordinada está debidamente constatado. Esto ocurre cuando el sujeto de la principal es diferente del sujeto hablante.

- *Yo no creo que el Real Madrid ha ganado la liga* = es muy raro. Sin embargo, suena bien:
- *Jacinto no cree que el Real Madrid* ***ha ganado*** *la liga.* (El hablante reafirma que es un hecho que el Real Madrid ha ganado y Jacinto no lo cree.)

Pero es igualmente aceptable y común aplicar la regla general:

- *Jacinto no cree que el Real Madrid* ***haya ganado*** *la Liga.*

- A continuación lea con sus alumnos el segundo cuadro de gramática referido a las oraciones independientes. Entre todos pongan otros ejemplos y aclaren las dudas.
- Ver pág. 152 del libro del alumno.

2 En parejas hacen esta actividad intentando razonar el porqué del uso del indicativo o del subjuntivo. Cada pareja corrige una frase explicando por qué han elegido una u otra opción.

SOLUCIÓN

1 has terminado **2** vendrías **3** tenga **4** era / fuera **5** toca **6** habías estado **7** estudiara **8** volvería **9** trabaje **10** hayas estudiado **11** hiciera **12** comiera

3 Individualmente escriben las frases en forma negativa y así, ellos mismos comprueban si han entendido bien los conceptos gramaticales que se han explicado anteriormente. Lo corrigen en el aula los propios alumnos.

SOLUCIÓN

1 Pues yo no, yo no imaginaba que el novio de Lucía fuera rico.
2 ... hubiera que separar a los buenos alumnos de los malos.
3 ... de que el banco va/vaya cada vez peor.
4 ... hayas/has aprobado todo.
5 ... que conociera a Iván en el viaje de fin de curso.

4 Actividad controlada para practicar los verbos de opinión y de percepción física, y las oraciones independientes con la estructura *No sabía que...* Individualmente completan las frases y se corrige con todo el grupo.

SOLUCIÓN

1 he estado / haya estado **2** íbamos / tenía / sabía **3** se había separado/se hubiera separado / tuviera.

ESCRIBIR Y HABLAR

5 Cada estudiante escribe en un papel un párrafo con su opinión. Pasados unos minutos recoja todas las opiniones y distribúyalas de nuevo entre ellos. Cada alumno lee en voz alta la opinión que le ha asignado usted y argumenta si está a favor o en contra de la opinión de su compañero.

- Es muy importante que corrija todos los errores gramaticales o de léxico que se produzcan en esta actividad.

D Comunicación y cultura

OBJETIVOS
Hablar y escuchar: ¿Te vienes al concierto?
Leer: Barcelona y Gaudí.
Escribir: Cartas al director.

HABLAR Y ESCUCHAR

1 Antes de completar la conversación telefónica entre Eva y Miguel, lea con los estudiantes las expresiones del recuadro para asegurarse de que entienden todo. A continuación, individualmente, lo leen y lo completan.

SOLUCIÓN

1 actuaban en Madrid este fin de semana **2** conozco mucho la música de ese grupo **3** han costado 30 € cada una **4** a las ocho y media **5** había quedado con Daniel para ir al cine

2 Para la corrección de la actividad anterior, ponga la grabación. Una vez corregida, pida dos voluntarios para que lean el diálogo.

3 Tomando como modelo el diálogo de la actividad 1, en parejas elaboran dos nuevas conversaciones telefónicas con las situaciones dadas, que luego reproducirán ante otra pareja. Pasee por las mesas para aclarar las posibles dudas.

4 Explique que van a escuchar un fragmento de un programa musical en la radio sobre la cantante española Rosa López y que tienen que completar las frases. Ponga la grabación dos veces. Haga una ronda rápida para la corrección.

SOLUCIÓN

1 Operación Triunfo **2** Eurovisión **3** discos **4** en la Sala Riviera

5 Como ya han escuchado el programa musical en la actividad anterior, haga que elijan la respuesta correcta. Después haga una puesta en común con todo el grupo y ponga la grabación para verificar.

SOLUCIÓN

1 b **2** a **3** b **4** b

LEER

1 Se pueden llevar al aula diferentes fotografías de folletos de imágenes de Barcelona para tantear qué cosas conocen y qué cosas no de la ciudad condal.

2 Leen el texto individualmente y en voz alta se comenta la información del mismo: *¿Qué cosas ya conocíais?, ¿Qué es lo que más os ha llamado la atención?*, etc.

3 En parejas tienen que preparar diez preguntas sobre Barcelona y Gaudí. Pueden elaborar las preguntas con la información del texto, utilizar internet o folletos publicitarios que les proporcione usted. Después se juntarán todas las preguntas y se hará una especie de trivial. Su papel será el de animador. Puede ofrecer incluso un premio simbólico a los ganadores.

ESCRIBIR

1 Lleve al aula otros ejemplos de cartas al director de algún periódico hispano y pida a un par de voluntarios que las lean en voz alta. A continuación, en parejas, escriben una lista de razones por las que creen que se suelen escribir cartas al director. Después cada pareja lee sus razones.

SOLUCIÓN

Los motivos por los que los lectores escriben cartas al director de un periódico son múltiples: *para opinar de un tema de mucha actualidad, para expresar diferentes sentimientos ante un hecho,...* Los sentimientos varían desde *agradecer o alabar un servicio, de un hospital o unas personas que les han ayudado, hasta la rabia, tristeza, indignación ante una injusticia.*
Otras veces escriben para *responder a una opinión que ha aparecido previamente en el mismo periódico.* También para *protestar, denunciar, quejarse, pedir a las autoridades que hagan algo para solucionar un problema: la limpieza de las calles, los abusos de los bancos, la contaminación.*
Por último, se pueden encontrar cartas en las que se *señala un error encontrado en el periódico.*

2 Individualmente, cada alumno completa los huecos de la carta al director de un periódico con las expresiones del recuadro. Se corrige en grupo.

SOLUCIÓN

1 a **2** b **3** d **4** c **5** g **6** h **7** f **8** e

3 Esta actividad se puede hacer oralmente en clase. Se pueden retomar las cartas al director de la primera actividad (las que usted ha llevado a clase) y ver cuál ha sido la razón por la que se han escrito esas cartas.

COMUNICACIÓN

Deje unos minutos para que los alumnos lean el cuadro con los recursos para argumentar.

4 Puede usar el tema de la carta de Carmen, los deportes, como pretexto para utilizar los recursos para argumentar que aparecen en el cuadro de Comunicación de esta sección. Puede comenzar con frases como:

- *Pues yo tengo la impresión de que Carmen va a tener que seguir viendo programas de deporte en la televisión..., Lo que ocurre es que el deporte mueve mucho dinero y...*

- Se pueden volver a utilizar de nuevo las cartas al director de la primera actividad y buscar los recursos argumentativos que se han empleado en ellas.
  Después de haber trabajado estos recursos, cada alumno elegirá una de las dos opciones de la actividad y escribirá su propia carta al director. Las cartas se corregirán en clase y se votará la mejor que se colgará en el tablón de anuncios del aula.

EJERCICIOS PRÁCTICOS (pág. 153)

1 **1** pasó **2** llegaría **3** estaban **4** tenía **5** estabas/estuvieras/habías estado **6** estaba/estuviera **7** venían **8** bailaban **9** lleguen/hayan llegado **10** era/fuera **11** iba/fuera **12** había gustado **13** despidieron/habían despedido **14** era/fuera **15** podéis

2 **Título:** ¿Cómo se llama la película?
Director: ¿Quién es el director?
Argumento: ¿De qué trata?
Actores: ¿Quiénes son los actores?
Duración: ¿Cuánto dura?

3 **1** bandas sonoras **2** director **3** plató **4** *casting* **5** cortometraje **6** escena **7** rodaje **8** guion **9** largometraje **10** papel

4 **1** Jugar: al dominó / a las cartas / al tenis **2** Hacer: senderismo / *windsurfing* / una fiesta / atletismo **3** Escalar: una montaña / una roca **4** Cantar: en un coro **5** Montar: a caballo / en bicicleta / en moto **6** Celebrar: un cumpleaños / una fiesta **7** Ir: al gimnasio / al fútbol / al tenis

8 Viajes

A Viajar

OBJETIVOS

Comunicación: Hablar de vacaciones ideales.
Gramática: Valores de los tiempos de subjuntivo.

ANTES DE EMPEZAR

Aproveche el título y el objetivo comunicativo de la sección y pida a los alumnos que hablen de sus vacaciones ideales. Haga que todos participen, y pida un voluntario para que modere la conversación.

HABLAR

1 Invite a los alumnos a observar las fotos de los medios de transporte que aparecen en la sección. ¿Conocen sus nombres?, ¿Alguna vez han viajado en barco?, ¿Cuando?...

- Aproveche para hacer frases del tipo: *Yo creo que Mary ha viajado alguna vez en caravana, pero no creo que JoŸ haya ido nunca en furgoneta. Además, me parece que a Peter le encantaría que le regalaran un crucero en trasatlántico por las islas griegas...* De esta forma usted introduce el vocabulario de medios de transporte y repasa algún uso del subjuntivo en algunos de sus tiempos (presente, pretérito perfecto e imperfecto).

2 Cada alumno hace la actividad de forma individual. Pueden utilizar el diccionario. Después, cada uno habla durante un minuto de uno de los tipos de viaje (sin decir el nombre) y el resto tiene que adivinar de qué tipo de viaje está hablando.

SOLUCIÓN

1 Viaje organizado **2** Escapada **3** Crucero **4** Montañismo **5** Acampada

3 En grupos de tres o cuatro, hablan sobre las cuestiones que se proponen en la actividad. Usted puede ir sentándose unos minutos con cada grupo, escuchar las diferentes conversaciones e ir tomando notas de sus respuestas. Cuando los grupos terminen de exponer sus opiniones, diga frases como: *Sus vacaciones ideales son... y las vacaciones más impresionantes que recuerda fueron en... A esta persona le encanta que haya gente que decida pasar sus vacaciones en una ONG...* y los alumnos tienen que averiguar de quién está hablando usted.

4 En parejas, irán comentando la importancia de cada uno de los objetos que aparecen en la actividad. El resto de la clase tiene que adivinar de qué objeto están hablando.
Por ejemplo: *Para nosotros es imprescindible un objeto que sirve para poder ver en la oscuridad, incluso puede ser muy útil para hacer señales luminosas...* (la linterna).
Usted puede ir resumiendo las intervenciones con frases como: *Cuando Kasia y Sabina vayan a la montaña, se llevarán una linterna...*
El objetivo es que vayan recordando los diferentes usos de subjuntivo, sus valores y sus tiempos.

ESCUCHAR

5 Últimamente se ha puesto de moda entre los españoles hacer cruceros en sus vacaciones. Antes de escuchar la grabación, puede hacer que los alumnos adivinen las respuestas. También puede preguntar si han realizado algún crucero y qué les pareció. Después de escuchar la primera vez, dígales que comprueben con su compañero la exactitud de las respuestas.

SOLUCIÓN

1 Un crucero. **2** 15 días. **3** Cultura y descanso. **4** Visitas turísticas, ir a la piscina, tomar el sol, tomar el aperitivo... **5** Cena con música en directo, bailes, concursos, juegos... **6** Con todo tipo de actividades y juegos controlados por monitores. **7** Con sus suegros. **8** Las bodas de oro de su casamiento.

GRAMÁTICA

El cuadro presenta agrupados los diferentes tiempos del subjuntivo, los valores que tiene cada uno y las correlaciones más frecuentes. Léalo con su alumnos, aclare las dudas y entre todos añadan otros ejemplos.

• Ver pág. 154 del libro del alumno.

ACTIVIDAD EXTRA

Haga preguntas a los alumnos:

- *João, ¿te gustaría que alguien te regalara un crucero?*
- *Luciana, ¿vas a hacer algún viaje cuando terminen los cursos de español?*
- *Martina, ¿te ha pedido alguien alguna vez que lo/la acompañases en un viaje peligroso?...*

De esta forma, los alumnos se verán obligados a contestar utilizando subjuntivos en diferentes tiempos. Se pueden ir anotando las estructuras en la pizarra para repasar los valores de los tiempos del subjuntivo.

- *A João le gustaría que le* ***regalaran*** *un crucero.*
- *A Luciana nunca le han pedido que* ***haga*** *un viaje peligroso.*

6 Actividad de repaso para comprobar que han entendido el cuadro gramatical. Pueden hacer esta actividad en parejas por si les surge alguna duda. Se corregirá en clase y haga preguntas gramaticales: *¿Por qué se utiliza aquí pretérito perfecto en vez de presente de subjuntivo?...*

SOLUCIÓN

1 llegue **2** haya hecho **3** hayan despedido **4** salgan **5** haya tocado **6** hayan cambiado **7** hayas aprobado

7 Actividad controlada para practicar el pretérito perfecto y el presente de subjuntivo. Individualmente completan las frases con uno de los verbos del recuadro. Se corrige con todo el grupo.

SOLUCIÓN

1 conozcas **2** haya llegado **3** te hayas enterado **4** juegues **5** pongan **6** tenga

8 Actividad individual. Antes de transformar las frases lea el primer ejemplo con sus estudiantes para asegurarse de que entienden la dinámica del ejercicio. Corrección con todo el grupo.

SOLUCIÓN

1 Me extrañó que no me llamaras.
2 No me imaginaba que fuera tan mal estudiante.
3 Fue una pena que no tuviéramos tiempo libre.
4 Me molestó que Andrés vendiera mis discos antiguos.
5 Me dio mucha pena que os fuerais tan pronto.
6 Les encantó que hiciera una tarta tan rica.
7 Fue una buena idea que pidieras una pizza para cenar.

B Viajar para sentirse vivo

OBJETIVOS

Comunicación: Razones para viajar.
Gramática: Adjetivos que cambian de significado con *ser* y con *estar*. *Ser* y *estar* + participio.

ANTES DE EMPEZAR

Escriba en la pizarra *ser listo* y *estar listo*. Pregunte a los estudiantes el cambio de significado con *ser* y *estar*, y haga que digan otros adjetivos que cambian de significado dependiendo de si aparecen con *ser* o *estar*.

1 Pida a los alumnos que observen, durante unos segundos, las fotos de la sección, invítelos a que cierren el libro y haga una serie de preguntas: *¿Qué había en la primera imagen?, ¿Qué tipo de viaje estaban haciendo esas personas?, ¿Por qué creéis que han elegido ese tipo de viaje?, ¿Para qué viaja la gente que conocéis?...* Vaya anotando en la pizarra las razones que exponen los alumnos por las que la gente viaja.

LEER

2 Se lee en voz alta el texto entre dos o tres alumnos. Deles unos minutos para preguntar (o adivinar) el significado del vocabulario que no comprenden y después, en parejas, responden a las preguntas. Cada pareja irá corrigiendo una pregunta.

SOLUCIÓN

1 c
2 b
3 a/c
4 c
5 b

3 Ahora, los alumnos ya tienen un vocabulario específico para poder escribir su opinión acerca de lo que significa para ellos viajar. Tienen que escribir, en un determinado periodo de tiempo, que marcará usted, un artículo en el que expongan su opinión sobre el significado de viajar. Puede elegir dos artículos al azar para leerlos en voz alta y corregir en clase. Es importante que haga hincapié en un determinado uso del léxico, similar al que aparece en el texto de la actividad 2. Si los artículos que corrigen en clase son demasiado sencillos, tendrá que incitar a los alumnos a sustituir algunas frases o estructuras por otras más complicadas desde el punto de vista léxico o gramatical.

ACTIVIDAD EXTRA

Anímelos a que escriban un artículo sobre por qué creen que la gente viaja. Para ello haga una sesión de recogida de ideas con el fin de que los estudiantes tengan de dónde partir para su artículo. Mientras que los alumnos van diciendo razones, usted (o un estudiante) las va anotando en la pizarra. Además de las razones que aleguen, puede añadir que se puede viajar sin salir de casa, mediante la lectura o la visión de vídeos, documentales, etc.
Para realizar su artículo pueden partir de una sola de estas ideas, por ejemplo: *Viajar a través de los libros*. Su objetivo es animar y dar ideas.

GRAMÁTICA

Después de ver el cuadro de gramática, pregunte a sus alumnos si recuerdan otros adjetivos que cambiaban de significado si iban con *ser* o con *estar*. Haga que todos los alumnos participen y aclaren las posibles dudas.
• Ver pág. 154 del libro del alumno.

4 Ahora hacen entre todos el ejercicio. ¿Hay algún adjetivo en esta actividad que no hayan recogido en el cuadro anterior?

SOLUCIÓN

1 es
2 está
3 estás / es
4 son / están
5 está
6 está
7 está

GRAMÁTICA

En el cuadro se sistematizan los usos de *ser* y *estar* seguidos de paticipio. Léalo con sus alumnos y aclare las posibles dudas.
• Ver pág. 154 del libro del alumno.

ACTIVIDAD EXTRA

Lleve a clase periódicos, algún libro de historia o folletos turísticos, donde aparezcan descripciones de iglesias, monumentos, etc., y repártalos entre los alumnos para que busquen frases que contengan la *voz pasiva: ser + participio*. De esta forma puede utilizar estos ejemplos para explicar el significado de la voz pasiva e introducir también *estar* + participio.

5 En parejas o individualmente, los estudiantes hacen la actividad y reflexionan sobre el uso de *ser* y *estar* + participio. Se corrige con todo el grupo.

SOLUCIÓN

1 fue
2 fueron
3 está / está
4 fue
5 está
6 han sido
7 está

6 Pueden hacer este ejercicio individualmente y corregirlo un voluntario.

SOLUCIÓN

1 es
2 están
3 están
4 son
5 es

C Historia de una travesía

OBJETIVOS

Comunicación: Hablar de la vuelta al mundo de un fotógrafo

Gramática: Formación de palabras: sufijos y prefijos verbalizadores.

ANTES DE EMPEZAR

Plantee la pregunta de la actividad 1: *¿Te gustaría dar la vuelta al mundo?* y pida a los alumnos que den su opinión al respecto.

1 Primero, invite a los alumnos a escuchar el texto. Antes explíqueles que el texto narra las historias de un fotógrafo alemán, Uwe Ommer, que viaja por los cinco continentes fotografiando a diferentes familias. Una vez que conocen el contexto, escuchan la grabación y después hágales las preguntas que aparecen en la actividad, y no diga si las respuestas son correctas o no. La forma de averiguarlo es leyendo el texto y subrayando la información que corresponde a las respuestas. Esta segunda parte de la actividad la pueden llevar a cabo individualmente.

SOLUCIÓN

1 Es un álbum de fotografías de familias de todo el planeta. **2** Con un asistente en un todoterreno. **3** Un miembro de cada familia avisaba para ser fotografiados. **4** La vida cotidiana de cada familia. **5** El primero se refiere al viaje en sí mismo. El segundo viaje se refiere a la elaboración de *Tránsito*. **6** Porque uno no se puede pasar la vida moviéndose de un lugar a otro sin meta. **7** Uwe Ommer, su esposa Isadora Chen y el hijo de ambos, Ulises.

GRAMÁTICA

Invite a un alumno a leer en voz alta el primer párrafo del texto de la actividad 1. Cuando termine de leerlo, pida a otro alumno que subraye los infinitivos que aparecen en ese párrafo: *imaginar* y *retratar*. ¿A alguien se le ocurre un sustantivo a partir de esos infinitivos? Estos ejemplos le servirán como pretexto para explicar el cuadro gramatical.

Entre todos analizan las diferentes formas de derivación.

- Ver pág. 154 del libro del alumno.

2 Práctica controlada para sistematizar la formación de verbos a partir de nombres y adjetivos. Individualmente escriben el verbo correspondiente y se corrige con todo el grupo.

SOLUCIÓN

1 saludar **2** abrazar **3** modernizar **4** trocear **5** amasar **6** retratar **7** engordar **8** enlatar **9** comenzar **10** edificar **11** entristecer **12** adelgazar **13** imaginar **14** necesitar **15** titular **16** jugar

3 Esta actividad la pueden hacer en parejas y crear frases con los verbos que no se han utilizado. Por ejemplo, la frase 1 es con el verbo *trocear*, ahora tienen que hacer una frase con *destrozar*. También puede invitar a los alumnos a que busquen el adjetivo o sustantivo del que derivan los verbos de la actividad.

SOLUCIÓN

1 trocear **2** animar **3** clarear **4** Falsificar **5** desempeñar **6** encabezar

4 Invite a los alumnos a que relacionen cada significado con los verbos derivados de las palabras del recuadro. Lo hacen individualmente y se corrige con el resto del grupo. Si lo considera oportuno, deje usar los diccionarios mientras realizan la actividad.

SOLUCIÓN

1 Dosificar **2** Memorizar **3** Minimizar **4** Enmudecer **5** Aterrizar **6** Aleccionar **7** Abaratar **8** Electrificar **9** Protestar **10** Empeorar

5 Actividad controlada para la práctica de la formación de verbos. Individualmente completan el texto con uno de los verbos derivados de las palabras del recuadro y lo corrigen en pequeños grupos.

SOLUCIÓN

1 diseñar **2** estimular **3** colorear **4** proyectar **5** descansar **6** imaginar

D Comunicación y cultura

OBJETIVOS
Hablar y escuchar: ¿Adónde vas?
Cultura: Cusco.
Escribir: Contar historias.

HABLAR Y ESCUCHAR

1 Pida a los alumnos que lean el diálogo entre dos amigos, Olga y Pablo, y lo completen con una de las frases del recuadro. Para la corrección, dos voluntarios leen la conversación completa.

SOLUCIÓN

1 Ya tengo preparado todo lo que necesito. **2** Menos mal que solo tardaron tres días. **3** para poder entrar en Brasil. **4** ¿Y cuándo vas a ir?

2 Ponga la grabación para comprobar las respuestas de la actividad anterior.

3 Actividad de interacción oral. Tomando como modelo la conversación de la actividad 1, en parejas elaboran un nuevo diálogo, variando los lugares de destino y explicando qué preparativos han tenido que hacer, que luego reproducirán ante otra pareja. Pasee por las mesas para aclarar las posibles dudas.

4 Actividad de comprensión auditiva. Antes de poner la grabación, explique el contexto: entrevista al viajero Luis Merino. Ponga la audición una vez, deje unos minutos para que lean las preguntas, y vuelva a poner la entrevista para que respondan. Haga una puesta en común para verificar las respuestas.

SOLUCIÓN

1 El lago Baikal le impactó muchísimo, sobre todo por la variedad de azules. **2** A Luis viajar le enriquece, le hace disfrutar de nuevas experiencias, le recuerda que hay cosas pequeñas que le hacen feliz y sobre todo le hace disfrutar el presente y vivir al día. **3** Recomienda llevar la documentación por duplicado, llevar un par de candados para el equipaje y tratar a la gente con respeto.

5 Ponga una vez más la entrevista a Luis Merino para que elijan la opción correcta. Corrija con todo el grupo y aproveche para preguntarles qué les parece el tipo de vida que lleva el protagonista de la entrevista.

SOLUCIÓN

1 b **2** b **3** a **4** b

LEER

1 Antes de leer el texto y hacer la actividad, haga un sondeo con el grupo para saber qué conocen de la ciudad de Cusco. Luego leen el texto y eligen la opción adecuada. Durante la corrección en grupo, haga que digan en qué frase o frases del texto han encontrado la solución.

SOLUCIÓN

1 c **2** b **3** a **4** c **5** a

ESCRIBIR

1 Contar una historia es un objetivo razonable en este nivel de aprendizaje de una lengua, pero no es un objetivo fácil de conseguir para todos los estudiantes. Por una parte, quizás los alumnos no estén acostumbrados a escribir historias en su propia lengua materna. Por otro lado, el uso de los tiempos de la narración en español puede presentar ciertas dificultades. No obstante, al final de esta unidad casi todos los estudiantes deberían ser capaces de escribir algún acontecimiento o anécdota real o inventada con cierta fluidez.
Otro obstáculo puede ser encontrar un argumento. Para este problema está el trabajo en grupo, y entre toda la clase se puede encontrar la base del argumento. Proponga al grupo que entre todos van a inventar una historia. Vaya haciendo preguntas:
- *¿Quién es el protagonista? Un ladrón, una princesa, un trabajador de banco…*
- *¿Dónde ocurrió la historia? En una ciudad, en un pueblo, en un banco, en la casa de uno…*
- *¿Cuándo ocurrió?, ¿Qué le pasó?, ¿Cómo acabó?*

Luego cada uno escribe la historia que se le ocurra pero con los ingredientes anteriores.
- Después de esta actividad de precalentamiento, cada alumno lee el texto individualmente y subraya las expresiones temporales. Después se corrige entre todos.

SOLUCIÓN

1 Hace solo unas horas / al principio / después / poco antes / entonces / antes de que / en unos segundos / cuando / finalmente

2 Pueden hacer esta actividad en parejas. Ahora cotejan si en las frases aparecen expresiones temporales que no hay en la pizarra y los añadirán.

SOLUCIÓN

1 Antes 2 Al principio / después 3 cuando 4 Finalmente 5 poco después / al final

ACTIVIDAD EXTRA

Proponga releer el texto de la actividad 1 y suprimir las expresiones temporales. Pregunte: *¿Qué sucede?, ¿Os parece imprescindible el uso de expresiones temporales para contar una historia?, ¿Por qué?* Después, invítelos a subrayar todos los verbos del texto. ¿Qué tiempo verbal se utiliza?, ¿Por qué?...

COMUNICACIÓN

Lea con sus alumnos el cuadro y añada otras posibles sugerencias para escribir una historia.

3 Ahora cada alumno reflexiona individualmente acerca de lo que se ha explicado y hace la actividad. Se corrige en voz alta y usted puede ir pidiendo que expliquen el porqué de un tiempo verbal u otro.

SOLUCIÓN

1 navegaba 2 Era / estábamos / sonó 3 llegó / arrolló 4 estaba / leía 5 Sonó / cayó 6 pidió / llevara / había preparado

4 Es un buen ejercicio para concienciar al alumno de los pasos que se deben seguir para escribir una historia. Por eso es importante que realicen esta actividad en clase, de forma individual y asignándoles un tiempo específico para cada paso.

- Puede cronometrar el tiempo y marcar los pasos. Por ejemplo, paso 1: 3 minutos, paso 2: 10 minutos, etc. Cuando termine la actividad, pídales que pasen a una transparencia la historia, seleccione varias (en función de los alumnos que se tengan en clase) y proyéctelas en el aula. No hace falta que diga de quién es la historia. La corrigen entre todos.

EJERCICIOS PRÁCTICOS (pág. 155)

1 1 era 2 estábamos 3 estaban 4 Está 5 sido 6 es / es 7 es 8 sería 9 era 10 estado 11 están 12 es 13 está 14 está

2 1 es 2 estáis 3 es 4 es 5 Es 6 es 7 Es 8 es 9 estaremos 10 es 11 estar 12 es 13 está 14 es 15 Estoy

3 1 posibilidad 2 independencia 3 pregunta 4 responsabilidad 5 masa 6 pequeño 7 broche 8 encierro 9 desorden

4 1 No era raro que sacara muy buenas notas. 2 Es una pena que no vayas al concierto. 3 ¡Qué lástima que Luis no viniera de vacaciones con nosotros! 4 Cuánto sentimos que Rosa se haya ido tan pronto. 5 Sentí mucho que no viniera a recibirme. 6 ¡Qué suerte que hayan estado en Bélgica esta semana! 7 No esperaba que le dieran el trabajo a Carlos aunque no tuviera experiencia. 7 No es lógico que el juez liberara a los atracadores. 8 A sus padres les ha encantado que adoptara a dos niños etíopes.

AUTOEVALUACIÓN (Unidades 7 y 8)

1 **No sos vos, soy yo:** con / para / en / para / a / de /a / para / con / de / de / por / en / de / en / en / de / para / de / a / a. **Los tres entierros de Melquiades Estrada:** de / en / de / sin / por / de / a / en / de / de / por / al / a / a / a / De / a / de **Bienvenido a casa:** de / a / en / de / de / en / Al / a / de / para / de / de / Para / Hasta / a

2 1 el relato 2 un argumento 3 filmarlo 4 los diálogos 5 los actores 6 el guionista 7 rodaje 8 una película

3 1 a 2 e 3 g 4 b 5 d 6 f 7 c

4 1 Al salir del cine ya era demasiado tarde para cenar en un restaurante. 2 Yo creo que cada uno es libre de hacer con su vida lo que quiera. 3 Nada volverá a ser igual. Todo ha cambiado de lugar desde que me fui. 4 Correcta. 5 Correcta. 6 Si estuvieras aquí, todo sería más fácil. 7 Correcta. 8 Esa camisa es muy oscura, mejor ponte la blanca. 9 Si me lo hubieras pedido, habría estado más atenta a su conversación.

5 1 haya vendido 2 vengas 3 he dicho 4 haya caído 5 hayan ido

6 1 Verdadera. 2 Falsa. 3 Falsa. 4 Falsa.

9 Encontrar trabajo

A Emprendedores

OBJETIVOS

Comunicación: Debatir sobre distintos tipos de trabajo.
Expresar opinión, acuerdo y desacuerdo. Contrastar y poner objeciones.

Gramática: Expresión de la amenaza: *como* + subjuntivo.

ANTES DE EMPEZAR

Escriba en la pizarra *Emprendedores* y pregúnteles qué creen que significa, teniendo en cuenta que nos referimos al trabajo. ¿Conocen las características de este tipo de trabajo?, ¿En qué consiste?

HABLAR

1 Invite a los estudiantes a observar las fotos que aparecen en la sección y pregúnteles: *¿A qué profesiones hacen alusión las fotos?, ¿Qué otras profesiones similares os vienen a la mente?...* Coménteles que estos profesionales trabajan para ellos mismos, es decir, son sus propios jefes. ¿Qué opinan?, ¿Qué ventajas y desventajas le encuentran a ser su propio jefe? Es importante que todos los alumnos tengan una idea clara de lo que significa este tipo de trabajo.

ESCUCHAR

2 Explique la situación: entrevista de radio a Natalia e Iván, dos jóvenes emprendedores que cuentan su experiencia. Antes de poner la grabación, deje unos minutos para que lean las frases y las opciones. Ponga la entrevista y haga una pausa al finalizar la intervención de Natalia. A continuación, escuchan la entrevista sin pausas y contestan a las preguntas individualmente. Para terminar cada alumno corrige una pregunta.

- Puede aprovechar esta audición para preguntar a los alumnos sobre algunas de las opiniones de Natalia e Iván. Por ejemplo, *Yo creo que Natalia lleva razón en la importancia de dedicarse a lo que más le gusta, lo que pasa es que no debe ser nada fácil renunciar a una seguridad laboral.*
- Guíe a los alumnos para que utilicen las expresiones que aparecen en el cuadro de Comunicación de la página 96. Cada vez que salga alguna de estas expresiones, las escribirá en la pizarra para comprobar que todo el mundo entiende su significado.

SOLUCIÓN

1 b
2 c
3 a
4 b
5 c

3 Una vez que los alumnos conocen estos recursos para expresar opinión, expresar acuerdo, desacuerdo y poner objeciones, divida la clase en parejas y organice debates paralelos con las fichas A y B de este ejercicio. Durante la actividad usted irá escuchando a cada pareja para comprobar que están utilizando las expresiones del cuadro de Comunicación. Cuando todas las parejas hayan terminado, pueden poner en común las ventajas y desventajas de ser trabajador asalariado o autónomo.

COMUNICACIÓN

Lea con sus alumnos la información de este cuadro antes de realizar la actividad 3.

- Ver pág. 156 del libro del alumno.

LEER

4 Actividad de comprensión lectora. Pida a los alumnos que, individualmente, lean el artículo "Cuando el jefe es uno mismo". Deje los diccionarios para que busquen el léxico o las expresiones que no conocen durante la lectura. A continuación contestan a las preguntas y se pone en común con el resto del grupo. ¿Aparece en el texto alguna razón más para añadir al listado de la actividad 3?

SOLUCIÓN

1 Que te puedes organizar como creas más conveniente. 2 La actividad que se quiere desarrollar, y saber si esta es viable y rentable. 3 Que recibe un salario a fin de mes por el trabajo realizado. 4 Que el trabajador asalariado tiene derecho al paro, a darse de baja por enfermedad a cargo de la Seguridad Social y a cobrar una prestación a partir del tercer día. 5 No tiene la seguridad de un sueldo, tiene más esfuerzo personal, más estrés, no tiene derecho al desempleo, ni vacaciones pagadas ni pagas extra.

ESCRIBIR

5 Trabaje el vocabulario del texto: después de entresacar las palabras y expresiones referidas al ámbito del trabajo, pídales que escriban frases o pequeños textos. Lleve una cartulina grande para que agrupen y escriban las palabras y expresiones referidas al mundo laboral, y después péguelo en las paredes del aula.

SOLUCIÓN

Jefe / ganar dinero / empresas / empleos / rentables / producto / montar una empresa o un negocio / estar en paro / régimen de asalariados / darse de baja / darse de alta / prestación / pensión de jubilación / cobrar el paro o el desempleo / vacaciones pagadas / paga extra

COMUNICACIÓN

Diríjase a sus alumnos y dígales:
- ***Como** no vayáis apuntando todo el léxico nuevo, es imposible que al final de curso lo recordéis todo.*
- ***Como** no recordéis el léxico, entonces tendréis problemas para aprobar el examen.*
- ***Como** no aprobéis el examen...*

Invite a los alumnos a que terminen la frase.
Tras estas "amenazas" escriba en la pizarra en letras grandes *como* + subjuntivo y explique lo que significa esta estructura. Para terminar, pida a algún estudiante que amenace a algún compañero con esta estructura.
• Ver pág. 156 del libro del alumno.

6 Individualmente los alumnos hacen esta actividad. Les servirá de comprobación de que han entendido la estructura anterior. Se corrige con todo el grupo.

ACTIVIDAD EXTRA

Como tarea para casa, pídales que piensen en un final diferente para las frases propuestas en la actividad. Se pondrá en común al día siguiente.

SOLUCIÓN

1 Como aparques aquí, te pondrán una multa. 2 Como te portes mal, no tendrás regalo. 3 Como no vengas a mi fiesta, me enfadaré. 4 Como llegues tarde otra vez, me iré sin ti. 5 Como los vecinos no bajen la música, voy a llamar a la policía. 6 Como no digas la verdad, no volveré a hablarte.

7 En parejas o individualmente pueden realizar esta actividad que les servirá para contrastar la estructura *si* + indicativo / *como* + subjuntivo. Durante la corrección aclare todas las posibles dudas que puedan surgir.

SOLUCIÓN

1 viene 2 pudiera 3 devolvieras 4 llegas 5 se ponga 6 sigas 7 llama

B Encontrar trabajo

OBJETIVOS

Vocabulario: Las profesiones.
Comunicación: Preparar una entrevista de trabajo.
Gramática: Género de los nombres de seres animados: *el guía / la guía.*

ANTES DE EMPEZAR

Aproveche el título de la sección para que los alumnos comenten con sus compañeros cómo encontraron su primer trabajo. En caso de que los estudiantes no trabajen, pregúnteles cómo creen que encontrarán su primer trabajo. Haga que participen todos y no interrumpa sus intervenciones para corregir.

HABLAR Y LEER

1 Actividad de interacción oral. Los alumnos hablan con sus compañeros sobre si han ido alguna vez a una entrevista de trabajo y qué les preguntaron. Vaya anotando las preguntas en la pizarra.

2 Cada alumno lee individualmente el texto y lo completa con las frases de abajo. Luego dos voluntarios leen el artículo completo.

- Se puede utilizar el contenido del texto para contrastar cómo es la situación en el país o países de los alumnos.

SOLUCIÓN

1 A **2** G **3** C **4** B **5** F **6** D **7** E

ACTIVIDAD EXTRA

Distribuya a los alumnos en parejas y asígneles un rol: A, entrevistador y B, entrevistado. Explique la dinámica: A va hacer una entrevista a B. El puesto de trabajo es de profesor de español en un centro de idiomas. Deje tiempo para que preparen las preguntas y respuestas. Después realizan la entrevista en parejas. Para terminar una pareja de voluntarios la representan para toda la clase.

3 Remita a los alumnos al texto de la actividad anterior y dígales que se fijen en las palabras subrayadas, las puede anotar usted en la pizarra. A continuación, individualmente completan las frases con una de esas palabras. Haga una ronda rápida para la corrección.

SOLUCIÓN

1 motivación **2** síntesis **3** flexibilidad **4** espíritu de sacrificio **5** recursos humanos **6** promoción **7** retribución

GRAMÁTICA

El cuadro presenta el género de los nombres de seres animados. Como en esta sección se está trabajando el léxico del mundo del trabajo, haga que completen el apartado "Nombre de profesiones" con otras que conozcan o recuerden.

- Ver pág. 156 del libro del alumno.

4 Actividad controlada para practicar el género de los nombres de seres animados. Antes de completar las frases, céntrese en el recuadro y haga que digan sus alumnos si los nombres son masculinos, femeninos o masculinos y femeninos. En parejas hacen la actividad y se corrige entre todos.

SOLUCIÓN

1 La testigo / criminal **2** las pacientes **3** La pianista **4** el dependiente **5** La actriz **6** La jueza **7** la alumna **8** La víctima **9** La atleta **10** El guía **11** la piloto

HABLAR

5 Los alumnos pueden buscar en internet (o en su diccionario) más profesiones para ampliar su vocabulario y escribir las definiciones para leerlas a sus compañeros. (Normalmente, cuando se les propone una actividad así, los alumnos buscan las profesiones más extrañas posibles para que al resto de grupos les cueste mucho averiguar el nombre). Es una buena actividad para ampliar el vocabulario.

C Servicios públicos

OBJETIVOS

Vocabulario: Léxico de la administración.
Comunicación: Hablar de algunos servicios públicos.
Gramática: Expresión de la condición: *siempre que, con tal de que, excepto...*

ANTES DE EMPEZAR

Lleve a clase un anuncio de un periódico o de internet de la convocatoria de un puesto de trabajo público y pregunte a sus alumnos: *¿Para qué es el anuncio?, ¿Existen este tipo de anuncios en vuestro país?...*

HABLAR

1 Actividad de interacción oral. Antes de intercambiar opiniones sobre las ventajas y desventajas de ser funcionario, entre todos hagan una lista con las profesiones de los trabajadores de los servicios públicos.

ESCUCHAR

2 Actividad de comprensión auditiva. Antes de escuchar, dígales que lean las preguntas y miren las imágenes, lo que les ayudará a hacer hipótesis sobre lo que van a escuchar.

- Ponga una primera vez la grabación haciendo una pausa en cada conversación. A continuación vuelven a escuchar las tres conversaciones seguidas. Después de haber escuchado los tres diálogos y de haber contestado a las preguntas, puede hacer hincapié en la conversación B y en lo que se comenta en este diálogo acerca de la no amabilidad de los funcionarios públicos. Puede pedir que alguien cuente alguna anécdota que le ha pasado en España cuando ha utilizado algún servicio público.

SOLUCIÓN

A 1 En la Escuela Oficial de Idiomas. **2** En primer curso es más difícil porque hay muchas solicitudes. En 2.° o 3.° es más fácil porque hay menos demanda. **3** En primer curso. **4** Presentar el impreso de solicitud y entregarlo en plazo.

B 1 Oficina de Correos. **2** Estaba en la cola para enviar un paquete a unos amigos que viven en Canadá. **3** Enviar un paquete. **4** No tenía dinero suficiente para hacer el envío.

C 1 Biblioteca. **2** Necesita una fotocopia del documento nacional de identidad, dos fotografías tamaño carné y rellenar un formulario con sus datos personales. **3** Es gratuito. **4** Consultar y pedir en préstamo libros de la biblioteca, CD de música y películas en DVD. También puede acceder gratuitamente al servicio de internet, leer la prensa diaria y las publicaciones periódicas.

ESCRIBIR

3 En parejas, prepararán el diálogo y después tendrán que representarlo al resto de la clase. Usted puede poner condiciones para realizar la actividad como, por ejemplo, el uso de cuatro palabras presentadas en la unidad y relacionadas con los servicios públicos.

ACTIVIDAD EXTRA

Proponga una actividad de interacción oral. Haga preguntas a sus alumnos relacionadas con los servicios públicos. Por ejemplo: *En caso de que Correos no fuese un servicio público, ¿creéis que funcionaría como funciona ahora?, Si pudieséis elegir entre ser funcionario o no, ¿qué elegiríais?*

HABLAR

4 Individualmente leen las cuestiones planteadas y piensan en sus respuestas. Después distribuya a los estudiantes en grupos de cuatro para que las comenten. Durante la realización de la actividad observe a cada uno de los grupos para comprobar que se está utilizando el léxico adecuado.

LEER

5 Actividad de comprensión lectora. Individualmente leen el texto "Cuerpo de bomberos de Santiago, orgullo de Chile" y lo completan con una de las opciones. Se corrige con todo el grupo. Aproveche para que los alumnos comenten qué les ha llamado más la atención del artículo.

SOLUCIÓN

1 a **2** c **3** c **4** a **5** a **6** b **7** c **8** c **9** c **10** a

COMUNICACIÓN

En este cuadro se presentan nuevas formas de expresión de la condición con conectores diferentes de *si*. Recuérdeles que todos estos conectores rigen el modo subjuntivo, sea cual sea el tipo de condición al que se refieran.

- Ver pág. 156 del libro del alumno.

6 Los alumnos realizan esta actividad en parejas y comprueban que han comprendido tanto el significado como el uso de los conectores que se han presentado en esta sección. Cada alumno corrige una frase.

SOLUCIÓN

1 aparezca **2** surgiera **3** tengas **4** hagáis **5** presentemos **6** hubieras pedido **7** estuviera **8** hubierais venido

D Comunicación y cultura

OBJETIVOS
Hablar y escuchar: Consejos para hacer una entrevista.
Leer: Festival de cine de La Habana.
Escribir: Escribe tu currículum.

HABLAR Y ESCUCHAR

1 En parejas, responden y comentan a las cuestiones planteadas sobre las entrevistas de trabajo. Deje el tiempo que considere oportuno. Luego en grupo, alguna pareja explica su experiencia sobre una entrevista de trabajo y se comenta entre todos. Si el grupo es plurilingüe, sería interesante que comentaran las diferencias en cuanto a la vestimenta y los rituales en una entrevista de trabajo.

2 Anote los cinco puntos señalados en la actividad en la pizarra, y distribuya a los alumnos en grupos de cuatro para que los comenten. Después proponga una puesta en común con todo el grupo y vaya anotando en la pizarra lo que vayan diciendo.

3 Inicie la actividad preguntando a sus alumnos si les gusta hablar en público, y si lo han tenido que hacer, cómo se han sentido. A continuación, individualmente, leen las preguntas y eligen la respuesta que mejor se adapte a su carácter.

4 En parejas comentan dos de las preguntas de la actividad anterior. Mientras realizan la actividad, pasee entre las mesas para aclarar las posibles dudas.

5 Siguiendo con el tema de la entrevista de trabajo, informe a sus alumnos de que van a escuchar a Santiago Álvarez dar consejos a un grupo de jóvenes sobre cómo enfrentarse a una entrevista de trabajo. Ponga la grabación dos veces y haga que anoten cuáles de las ideas del ejercicio 2 se nombran. Para la corrección puede proporcionar la transcripción (pág. 180 del libro del alumno).

SOLUCIÓN

La capacidad de expresión, el lenguaje corporal y la expresión facial.

6 Vuelva a poner la grabación anterior para que completen la información. Haga una ronda rápida para la corrección.

SOLUCIÓN

1 poder entrar en la universidad
2 con claridad
3 amable
4 cinco minutos
5 la forma de vestir
6 la expresión facial

LEER

1 Si hay estudiantes interesados en el tema, seguramente surgirán fluidamente la información y las opiniones. Una buena pregunta para motivarles sería: *¿Creéis que las películas más premiadas son las mejores películas?, ¿Es así con los Óscar de Hollywood?*

- Aclare el concepto de *cine alternativo*: generalmente el adjetivo "alternativo" se aplica a aquellos usos que se oponen a lo tradicional y establecido. Así, en Occidente se llama *medicina alternativa* a las terapias que difieren de la medicina occidental establecida, típica. Este tipo de cine recoge modas y usos diferentes del habitual.

2 Entre varios alumnos leen, en voz alta, el texto y usted llame la atención sobre algunas palabras o expresiones. Es posible que no conozcan términos como: *trincheras*, *celuloide*. Anímelos a deducir el significado. Entre todos contestan a las preguntas.

- En España el Festival de Cine más importante es el de San Sebastián. Si lo cree oportuno, dígales a los estudiantes que busquen información en internet sobre él y la expongan en clase.

SOLUCIÓN

1 Cine alternativo.
2 Países latinoamericanos y España.
3 Gabriel García Márquez.
4 Ficción, documental y animación.
5 Crisis financiera y falta de espectadores.
6 Más recursos financieros y el apoyo de los medios de comunicación.

ESCRIBIR

1 En parejas leen el currículum de Andrés Ruiz López y contestan a las preguntas. Después puede hacer las preguntas en voz alta para que todo el mundo participe en las respuestas. Es posible que a alguien se le ocurran diferentes trabajos a los que podría optar o diferentes perspectivas de cuál es la información más interesante.

- Se puede ir contrastando esta información con la que aparece en el cuadro que hay a continuación y que explica cómo se presenta un currículum y qué debe contener.

ACTIVIDADES EXTRA

- Baje de internet algunos currículums y repártalos por la clase para analizarlos y añadir o quitar información para que el currículum quede completo.
- Lleve al aula algún modelo de carta de presentación para que vean el formato y para que analicen el contenido. Puede conseguir estas cartas en internet o en algún manual de "español de los negocios".

COMUNICACIÓN

Deje unos minutos para que lean la información sobre la presentación y los contenidos de un currículum.

2 Si considera que sus alumnos podrían estar interesados en crear su propio currículum, les puede dejar hacer la actividad de forma individual. En caso contrario, lleve al aula varios anuncios de trabajo recortados de algún periódico o extraídos de internet, distribúyalos en parejas y anímelos a que elaboren un currículum ficticio que encaje con alguno de los anuncios.

- Otra posibilidad es que redacten un currículum y una carta de presentación destacando su perfil, y que cada pareja lo presente al resto de la clase. Después de esta presentación se pueden buscar anuncios de trabajo en periódicos o en internet y entre todos decidir qué currículum sería el más adecuado para cada puesto de trabajo.

EJERCICIOS PRÁCTICOS (pág. 157)

1 El estudiante / La frutera / La taxista / El conductor / La juez / El modelo / La profesora / El yerno / La princesa / El poeta / El campesino / La panadera / La médico (La médica) / El principiante / La policía / El publicista / La astronauta / El vidente / La actriz / La sacerdotisa

2 **1** recojas **2** viene **3** llamas **4** levantes **5** usas **6** encuentre **7** abres **8** llueva **9** pueda **10** empezamos

3 **1** g **2** c **3** a **4** f **5** d **6** b **7** h **8** e

4 **1** en caso de que **2** a no ser que **3** siempre y cuando **4** Como **5** siempre que **6** con tal de que **7** Si

10 Crimen y castigo

A Si conduces, no bebas

OBJETIVOS
Vocabulario: Léxico de delincuencia.
Comunicación: Hablar de delitos y de penas.
Gramática: Indicativo y subjuntivo con *siempre que* y *mientras (que)*.

ANTES DE EMPEZAR

Dígales a sus alumnos que van a trabajar con el vocabulario de los delitos. Si entre ellos hay algún aficionado a las novelas policíacas, seguramente estará más familiarizado e interesado por el tema. Hable un poco de ello.

HABLAR

1 Si ninguno de los alumnos ha tenido ningún percance con la policía, dígales que piensen en algún conocido o familiar. Participe también en esta actividad y cuente alguna experiencia suya o de otra persona. De esta manera, irá escribiendo en la pizarra vocabulario relacionado con este tema.

VOCABULARIO

2 Es posible que parte del vocabulario haya salido en la actividad anterior. Si no es así, en parejas pueden relacionar las palabras y las definiciones. Si lo considera oportuno, proporcione más léxico relacionado con delitos. Haga una ronda rápida para la corrección.

- Es conveniente resaltar la diferencia en español entre *crimen* y *delito*. Como se puede ver por la actividad anterior, el concepto de *delito* es muy amplio, es cualquier acción u omisión castigada por la ley y es sinónimo de *infracción*. Se considera un delito tanto saltarse un semáforo en rojo como asesinar a una persona. En cambio, un *crimen* es un tipo de delito grave que consiste en dañar (o matar) a una persona.

SOLUCIÓN

1 a **2** j **3** l **4** h **5** g **6** d **7** i **8** b **9** e **10** c **11** f **12** k

ESCUCHAR

3 Actividad de comprensión auditiva. Explique la situación: Javier cuenta lo que le pasó un día que salió a cenar. Ponga la grabación dos veces seguidas para que señalen si las afirmaciones son verdaderas o falsas. Después de corregir las respuestas, puede poner de nuevo la audición para que escriban todas las palabras o frases relacionadas con la ingesta de alcohol. Por ejemplo: *alcohol en sangre, me paró una patrulla, controles de alcoholemia, soplar, 0,5 por encima de lo permitido…*

- También puede proponer un debate con este tema. Cada alumno puede contar cómo son las leyes en su país o alguna anécdota: si alguna vez lo han parado en un control de alcoholemia o a algún conocido, etc. Es una buena oportunidad para que el alumno emplee el vocabulario de la sección.

SOLUCIÓN

1 Verdadero. **2** Verdadero. **3** Falso. (Su casa estaba a diez kilómetros del restaurante) **4** Verdadero. **5** Verdadero.

ACTIVIDAD EXTRA

La página web de la Dirección General de Tráfico en España, www.dgt.es, proporciona información relacionada con la ingesta de alcohol: tasas de alcoholemia permitidas, sanciones, campañas publicitarias, vídeos, etc. Esta página es una excelente herramienta para llevar al aula y proporcionar léxico a los alumnos. Se pueden debatir los vídeos publicitarios que anuncian las campañas de controles de alcoholemia, las leyes, establecer comparaciones con otros países, etc.

4 Pueden realizar esta actividad en parejas. Después, anímelos a que busquen titulares similares en internet, en periódicos o incluso a inventárselos. Así practicarán el vocabulario que ya han visto y encontrarán palabras nuevas.

SOLUCIÓN

1 ha sido secuestrado **2** delitos / crímenes / homicidios **3** hurtos **4** fraude **5** delincuente **6** soborno

HABLAR

5 Esta actividad resulta muy interesante para ver las diferencias de percepción del delito entre las distintas culturas. Una cuestión como la *bigamia* es considerada un delito en algunos países del mundo y, en cambio, en otros no solo no está castigado, sino que se tolera abiertamente.

- Los estudiantes tienden a considerar como de los más graves el delito, una mujer que mata a su marido, por lo que supone de privación de la vida de un ser humano. Sin embargo, en la legislación estaría más castigado el soborno, por lo que supone de corrupción, que puede desestructurar un país entero.
- En cuanto al procedimiento, utilice el método pirámide. Primero los estudiantes trabajan individualmente, luego en parejas (o tríos) y por último, se hace una puesta en común en la que usted toma nota en la pizarra de las distintas clasificaciones y se extrae la clasificación más votada.

ACTIVIDAD EXTRA

Proponga a los alumnos que hagan memoria de algún caso famoso de su país, algún robo espectacular, o algún delincuente muy buscado, etc., y lo cuenten al resto de la clase.
No se trata de que el alumno o usted conozcan las leyes de su país, sino que el objetivo de la actividad es que empleen el vocabulario que se ha visto en las actividades anteriores.

GRAMÁTICA

Lea en clase el cuadro de los marcadores temporales *siempre que* y *mientras (que)*, y ponga otros ejemplos para comprobar que los alumnos han entendido bien en qué casos introducen oraciones con valor temporal y oraciones condicionales.

- Ver pág. 158 del libro del alumno.

6 Actividad de práctica controlada para fijar los usos de los marcadores temporales anteriores. Los alumnos, individualmente, relacionan las dos partes para formar frases correctas. Se corrige con todo el grupo.

- También puede proponer que cada estudiante comience una oración con *siempre que* o *mientras (que)* y otro alumno tiene que continuar la frase.

SOLUCIÓN

1 e
2 b
3 a
4 f
5 c
6 g
7 d

ACTIVIDAD EXTRA

Proponga realizar una campaña publicitaria de la DGT o de otro organismo público español, que advierta de los peligros de cometer una serie de infracciones o delitos. Para ello, distribuya a los alumnos es grupos de cuatro y explíqueles que elaboren una campaña con frases que contengan *siempre que* y *mientras (que)*. Por ejemplo:

- *Siempre que te vayas de vacaciones, pide a algún vecino que recoja tu correo.*
- *Mientras sigas bebiendo, seguirás enfermo.*

B Me han robado la cartera

OBJETIVOS

Vocabulario: Léxico judicial.
Gramática: Oraciones de relativo con indicativo o subjuntivo.

ANTES DE EMPEZAR

Para romper el hielo e introducir el tema tratado en la sección, pregunte a sus alumnos sobre algún delito que hayan leído o visto por televisión.

LEER

1 Actividad de comprensión lectora. Individualmente leen el artículo "Absuelto por su ADN" y señalan si las afirmaciones son verdaderas o falsas. Durante la lectura deje que utilicen el diccionario para que busquen el léxico que desconozcan. Durante la corrección, haga que corrijan las afirmaciones falsas.

SOLUCIÓN

1 Falso. (Las pruebas de ADN han permitido absolver al acusado) **2** Verdadero. **3** Falso. (El atracador rompió el cristal del copiloto) **4** Falso. (El atracador llevaba un gorro negro y gafas de sol oscuras) **5** Verdadero. **6** Falso. (El acusado quedó en prisión por otras causas.

2 En parejas relacionan las palabras de las dos columnas y comprueban en el artículo de la actividad anterior en qué contexto aparecen. Haga una ronda rápida para la corrección.

SOLUCIÓN

1 c **2** h **3** f **4** b **5** a **6** d **7** e **8** g

HABLAR

3 Actividad de interacción oral. Divida a los alumnos en parejas para que comenten las cuestiones planteadas respecto al texto de la actividad 1. Si lo considera adecuado, puede hacer una puesta en común con las opiniones.

ESCUCHAR

4 Pida que cierren los libros y ponga la grabación. Pregúnteles qué han entendido y haga que digan el máximo de información. A continuación leen las preguntas, vuelven a escuchar las noticias y responden a las cuestiones. Después cada alumno corrige una pregunta.

- Proponga a los alumnos que busquen en periódicos o en internet, noticias similares a las que acaban de escuchar. En grupos seleccionan dos noticias y escriben tres o cuatro cuestiones relacionadas con el contenido de las noticias. Lleve a clase una grabadora para que los alumnos vayan grabando las noticias como si fuesen locutores de radio. El resto de grupos oirá las noticias y tendrá que contestar a las preguntas.

SOLUCIÓN

A 1 En gasolineras, farmacias y tiendas abiertas las 24 horas.
2 Comenzó tras una acumulación de denuncias de propietarios de los establecimientos atracados.
3 Un hombre alto y delgado con aspecto de toxicómano.
4 Tenía 245 €.

B 1 Ha sido condenado a cuatro años y nueve meses de cárcel.
2 En Villanueva de Arriba.
3 Maniatar a las inquilinas y robar joyas y otros objetos por valor de 50 000 €.
4 No, cometió el robo en compañía de otros dos ladrones que no han sido identificados.

ESCRIBIR

5 Ahora que ya están familiarizados con la redacción de este tipo de noticias y con el vocabulario que se emplea en ellas, tendrán que redactar una noticia inventada, similar a las que acaban de escuchar. Esta actividad puede realizarse en parejas o en grupos pequeños (dependiendo del número de alumnos que se tenga en clase). La noticia habrá sido pensada para un medio de comunicación específico (prensa escrita, radio, televisión, etc.). Después cada grupo tendrá que representar un pequeño teatro en el que se lea la noticia. Aproveche esta actividad para hacer hincapié en la entonación.

GRAMÁTICA

En parejas, los estudiantes leen el cuadro de gramática de las oraciones de relativo con indicativo o subjuntivo. Además de los ejemplos que aparecen en el cuadro, cada pareja tiene que escribir al menos dos ejemplos más de cada tipo de oración y leerlas en voz alta a toda la clase. Entre todos tienen que decidir si son correctas o no y por qué.

- Ver pág. 158 del libro del alumno.

6 Individualmente leen las frases y eligen el verbo adecuado. Durante la corrección pregunte el porqué de usar indicativo o subjuntivo. ¿Existe alguna frase en la que sea correcto el uso de indicativo y de subjuntivo indistintamente? Ejemplifique con una frase, por ejemplo la número 5: *¿Qué pasaría si en vez de* cometen *escribiésemos* cometan?, *¿Habría algún cambio más en la frase?*

SOLUCIÓN

1 quisiera
2 robaron
3 ha cometido
4 dé
5 cometen
6 salían
7 conduzca
8 pareciera

7 Actividad semilibre para seguir practicando las oraciones de relativo con indicativo o subjuntivo. Cada alumno puede completar sus frases y después leerlas en voz alta.

SOLUCIÓN

1 comprendía bien su problema **2** comprendiera bien tu problema **3** bailar estupendamente **4** sabía bailar estupendamente **5** le sirve/sirva de recuerdo **6** comprendiera su problema **7** le sirviera de recuerdo **8** supiera bailar estupendamente **9** contamine poco **10** contamine poco

ACTIVIDAD EXTRA

Invite a los alumnos a escribir anuncios breves del tipo: *Busco un coche de segunda mano que no tenga muchos kilómetros, que esté en buen estado, que esté con la ITV (Inspección Técnica de Vehículos) en regla.*

C Se me ha estropeado el coche

OBJETIVOS
Vocabulario: Léxico del coche.
Comunicación: Expresión de involuntariedad: *Se me ha roto el coche.*

ANTES DE EMPEZAR

Lleve a clase una foto de un *smart* o de un coche sin carné y haga las siguientes preguntas: *¿Qué ventajas y desventajas encontráis en este tipo de coches?, ¿Los conocíais?, ¿Existen también en vuestro país?*, etc.

1 Actividad de interacción oral. Haga un sondeo a sus estudiantes y pregúnteles si vale la pena tener coche en una ciudad grande con problemas de tráfico y aparcamiento, si tienen coche, si tienen problemas para aparcar, etc.

VOCABULARIO

2 En parejas intentan averiguar la nomenclatura de las diferentes partes de un coche. Después corrigen entre todos.

- Para practicar puede llevar fotografías de coches muy diferentes: pequeños, grandes, berlinas, familiares, descapotables, deportivos, etc., para que vayan diciendo frases como: *Tiene un maletero muy pequeño.*

SOLUCIÓN

a 3 **b** 4 **c** 1 **d** 2 **e** 7 **f** 11 **g** 6 **h** 5 **i** 10 **j** 9 **k** 12 **l** 8

ACTIVIDAD EXTRA

Para fijar el vocabulario, como tarea para casa, haga que escriban definiciones, pongan ejemplos o hagan un dibujo en su cuaderno de léxico de las palabras anteriores.

HABLAR Y ESCRIBIR

3 En parejas tendrán que elaborar una lista con consejos antes de salir de viaje. Cuando los tengan, cada pareja expondrá su lista al resto de la clase.

- Una vez finalizada la actividad, puede proporcionar al alumno la siguiente página web de la Dirección General de Tráfico (DGT): http://www.dgt.es/trafico/consejos/ConsejosPrimavera.htm.
  En esta web aparecen consejos de prevención en función de las características climatológicas. Ahora pueden comparar la lista de consejos que ellos mismos han escrito con la lista de consejos de la DGT.

COMUNICACIÓN

Lea con sus alumnos el cuadro y añadan entre todos otros ejemplos para la función comunicativa de "Aconsejar".

LEER

4 En esta actividad aparecen más consejos que ha publicado una revista. En parejas pueden elaborar un listado de léxico nuevo que ha aparecido entre la actividad 3 (los consejos de la página web de la DGT) y los de esta actividad.

5 y **6** En estas actividades los estudiantes tienen que añadir el léxico que ha aparecido en la página web y el que se ha proporcionado en la actividad 3, y elaborar frases.

SOLUCIÓN

1 Presión de las ruedas / frenos / nivel de aceite / filtros del aire / anticongelante / la batería / reglaje de las luces / repuestos / la correa del ventilador / limpiaparabrisas / depósito del agua / amortiguadores / carrocería.

ESCUCHAR

7 Antes de escuchar o después, como crea más conveniente, puede explicar algunos términos que aparecen en las conversaciones:

- *Mano de obra:* se llama así al coste del trabajo del operario.
- *Parte de daños:* informe para la compañía de seguros donde se especifica qué ha pasado y qué daños ha sufrido el coche.
- *Maletero "abollado":* que tiene un bollo, abolladura, hundimiento de la chapa.
- *Estar liado:* estar muy ocupado.
- *Perito del seguro:* técnico especialista en valorar los daños.
- *¿Por cuánto me saldría?:* es una forma de preguntar el precio de un servicio. = *¿Cuánto me va a costar al final?*

• En esta actividad los alumnos escuchan las conversaciones en un taller de coches y señalan verdadero o falso, corrigiendo la información que sea falsa.

SOLUCIÓN

A 1 Falso. (El problema es con el aire acondicionado) **2** Falso. (El coche es viejo) **3** Verdadero. **4** Falso. (La clienta llevará el coche al día siguiente por la mañana)
B 5 Verdadero. **6** Falso. (El cliente frenó porque se cruzó un perro) **7** Verdadero. **8** Verdadero.

HABLAR

8 Para hacer la actividad un poco más complicada, puede proporcionar a cada pareja una tarjeta con cinco o seis palabras de las que han salido en actividades anteriores. Los alumnos deberán ceñirse a ese vocabulario para elaborar su representación.

• Otra posibilidad podría ser la de darle a los alumnos la oportunidad de que utilicen ellos el léxico que quieran, pero que intenten utilizar el máximo número de palabras posibles relacionadas con la unidad. Ganará la pareja que más léxico haya empleado en su representación.

COMUNICACIÓN

Para ver las distintas posibilidades de expresar la involuntariedad en una acción, escriba en la pizarra:

- *Yo he roto el jarrón.* (El hablante asume toda la responsabilidad, sin paliativos. Puede que lo haya he-cho a propósito o no)
- *El jarrón se ha roto.* (Nadie sabe cómo, nadie asume la responsabilidad. Esta frase puede enunciarla un niño para evadir totalmente su responsabilidad, después de que el jarrón se ha roto debido a un balonazo)
- *Se me ha roto el jarrón.* (El jarrón se ha roto cuando yo estaba limpiándole el polvo, pero yo no tenía intención de romperlo, por tanto, yo no asumo totalmente la responsabilidad de la rotura, ha sido sin querer)

• Esta estructura se utiliza muy frecuentemente en la lengua hablada con un tipo de verbos que significan pequeños "desastres" cotidianos:
-Se le ha olvidado la fecha de mi cumpleaños.
-Se le ha terminado la gasolina.
-Se le ha roto el ordenador.
-Se me ha escapado el autobús.

• Ver pág. 158 del libro del alumno.

9 Actividad controlada para practicar la involuntariedad en una acción. Individualmente forman frases siguiendo el ejemplo y lo comprueban con todo el grupo.

SOLUCIÓN

1 Se me ha quemado la comida. **2** Se me ha estropeado la caldera de la calefacción. **3** ¿Se te han perdido las llaves? **4** A Pedro se le ha olvidado la cartera en casa. **5** A Rafa y a Mayte se les ha escapado el tren. **6** Se nos ha perdido el perrito. **7** ¿Se os ha olvidado que mañana es el cumpleaños de Victoria?

10 Individualmente completan los microdiálogos con los pronombres correspondientes. Haga una ronda rápida para la corrección.

SOLUCIÓN

1 ... Es que se me ha acabado... / ... pero se lo di... **2** ... Es que se me ha caído... **3** ... se me ha estropeado... **4** ... pues que se le olvidó... **5** ... se nos ha ocurrido...

D Comunicación y cultura

OBJETIVOS

Hablar y escuchar: Expresión de posibilidad y certeza

Leer: La cultura maya.

Escribir: Un informe de un accidente.

HABLAR Y ESCUCHAR

1 Ponga la grabación con el libro cerrado y pregunte a los alumnos qué han entendido. Luego ya con el libro abierto, leen y escuchan a la vez.

SOLUCION

1 toda seguridad **2** por supuesto **3** segura **4** creo **5** no estoy segura **6** no creo

2 Para la corrección de la actividad anterior ponga la grabación. Una vez hecha la comprobación, pida dos voluntarios para que lean el diálogo.

COMUNICACIÓN

Lea con sus estudiantes las estructuras del recuadro para expresar posibilidad y certeza, y haga que las busquen en el diálogo de la actividad 1.

3 Tomando como modelo la conversación de la actividad 1, pídales que elaboren un diálogo imaginando que han visto a una de las personas de las fotografías cometer un delito. Luego lo intercambian con un compañero.

4 Actividad de comprensión auditiva. Deje tiempo para que lean las frases y ponga la grabación para que elijan la opción adecuada. Corrección con todo el grupo.

SOLUCIÓN

1 entrevista con Pepa
2 qué ocurrió
3 la policía

5 Vuelva a poner la grabación de la actividad anterior para que elijan la opción correcta. Para comprobar las respuestas puede proporcionar la transcripción (pág. 181 del libro del alumno).

SOLUCIÓN

1 b **2** a **3** b **4** a

LEER

1 Tantee qué conocimientos tienen sus alumnos acerca de los mayas.

2 Con esta actividad los alumnos comprobarán si estaban en lo cierto o no, y quiénes son realmente los mayas. En parejas leen el texto y completan los huecos con las palabras del recuadro. ¿Coincide la información que tenían al principio sobre los mayas con la información que aparece en el texto?

SOLUCIÓN

1 se extendió **2** parte de **3** el inicio **4** la más desarrollada **5** El mayor apogeo **6** tan importantes **7** se mezclan **8** todavía

3 En parejas contestan a las preguntas sobre los mayas y corrigen entre todos. Haga que durante la corrección, señalen en el texto dónde han encontrado la información.

SOLUCIÓN

1 Hacia el 2500 a. C. **2** La rueda y la metalurgia. **3** La elaboración de un exacto cálculo del tiempo (calendario lunar y solar), un sistema numeral basado en puntos y rayas, y un sistema de escritura propio.

4 Este texto lo pueden elaborar con información que obtengan a través de internet. Lleve información sobre otras culturas de pueblos que han tenido relación con España, como por ejemplo íberos, celtas, etc.

ESCRIBIR

1 El informe es un tipo de escrito que admite muchos formatos, muchas extensiones (puede ser desde un folio hasta miles de páginas). El objetivo es describir, narrar hechos muy concretos para que las personas que no han estado presentes puedan evaluar y tomar decisiones sobre ese hecho, de ahí que su estilo deba ser sobre todo, preciso, y no admita ambigüedades. Se escriben informes en casi todos los ámbitos de la vida laboral.

- Pregunte a los alumnos si alguna vez han tenido que escribir un informe en su lengua materna.

2 En parejas leen el *parte* (nombre del informe en este caso) de un automovilista que ha tenido un accidente y responden a las preguntas. Pregúnteles si conocen los partes de accidentes de su país, si son similares, si no lo son, en qué se diferencian, etc.

SOLUCIÓN

El escrito va dirigido a la compañía de seguros.
El objetivo es informar sobre cómo ha sucedido el accidente.
Está escrito en estilo formal.

COMUNICACIÓN

Antes de escribir el informe, lea el cuadro con sus estudiantes y recalque los objetivos de un informe, y también las partes de las que debe constar.

3 Individualmente o en parejas, deben elegir una de las tareas y escribir un informe. Después intercambiarán los informes con otros compañeros y cada alumno o pareja corregirá el informe que le ha tocado: ¿Proporciona la información necesaria?, ¿Aparece el destinatario claramente especificado?, ¿Está claro el objetivo del informe?, ¿Está claro el estilo?, etc.

- Si lo considera necesario, puede seleccionar informes reales a los que pueda tener acceso y llevarlos al aula para mostrárselos a los alumnos.

EJERCICIOS PRÁCTICOS (pág. 159)

1 **1** cambies **2** tenían **3** se porten **4** quieras **5** hay **6** tenga **7** llegaban **8** molestes **9** estés **10** quieras **11** termines **12** siga

2 **1** pediste **2** quiera **3** pudiera **4** atracó **5** hable **6** ayude **7** sirviera **8** hablaba

3 **1** d **2** c **3** a **4** b **5** f **6** g **7** h **8** e

4 **1** se me **2** se le **3** se me **4** se le **5** se me **6** se le

5 **1** absolución **2** percepción **3** acceso **4** violación **5** coincidencia **6** sentencia **7** declaración **8** soborno

AUTOEVALUACIÓN (Unidades 9 y 10)

1 **1** administración **2** oposiciones **3** solicitud **4** formulario **5** ventanilla **6** servicio público **7** funcionario

2 **1** La madre **2** El actor **3** el abogado **4** La presidenta **5** portera **6** un **7** La alcaldesa **8** La directora **9** yerno **10** La violinista

3 Respuesta libre.

4 **1** hubiera participado **2** encuentre **3** hubiéramos oído **4** cambiemos **5** vengas **6** pueda **7** tenga **8** se comprometiera

5 **1** juzgado **2** prisión **3** un delito **4** aportaciones **5** condenado **6** la víctima **7** titular **8** el acceso **9** inicio **10** cuenta bancaria

6 **1** atendiera **2** maltrataron **3** abusa **4** compensara **5** pareciera **6** dio / había dado.

7 **1** • Pues mira, resulta que últimamente se le olvida todo. Yo le digo las cosas, y él dice que no se las he dicho, así que estamos todo el día discutiendo. Este mes se le han perdido las llaves del coche y las de casa. El mes pasado se le perdió una carpeta con documentos. ▪ Pues le he pedido hora al neurólogo... **2** • ¿A quién se le ha ocurrido...? ▪ Se me ha ocurrido a mí, la próxima vez haremos lo que se te ocurra, a ver si piensas algo mejor. **3** • ¿Qué tal tu padre, se le ha pasado la pena por la muerte de tu madre? ▪ Hombre, del todo no se le va a pasar nunca, pero vaya, está algo mejor.

8 **1** guantera **2** maletero **3** faro **4** volante **5** limpiaparabrisas **6** carrocería **7** ruedas **8** intermitentes

El clima

A Animales

OBJETIVOS

Vocabulario: Expresiones con nombres de animales.
Comunicación: Hablar del mundo animal.

ANTES DE EMPEZAR

Para activar y recordar el léxico de animales, pida a los alumnos que, en un minuto, escriban todos los nombres de animales que sepan o recuerden. Haga un recuento y una corrección. Gana el que más animales haya escrito. Puede dar un premio simbólico.

VOCABULARIO

1 El objetivo de esta actividad es asentar el tema que sigue. Invite a los alumnos a hablar de sus mascotas. Las personas que tienen perros o gatos, les tienen mucho cariño y están dispuestas a hablar sobre ellos. Es posible que alguien tenga un recuerdo infantil de alguna mascota que tuvo y murió. También pregúnteles si van mucho al zoo.

- Puede llevar a clases imágenes de animales raros o exóticos para comprobar si conocen sus nombres.

2 En parejas o individualmente, los estudiantes relacionan los nombres de animales con sus definiciones. A continuación, cada pareja debe describir dos animales para que el resto de la clase averigüe a qué animal pertenece la descripción.

SOLUCIÓN

1 pingüino **2** cebra **3** canario **4** lagartija **5** cerdo

3 En parejas completan las expresiones con el nombre del animal correspondiente. Asegúrese durante la corrección de que comprenden el significado de las frases y pregúnteles si existen en su lengua materna estas mismas expresiones, por qué creen que han surgido y si creen realmente que el elefante tiene mucha memoria.

- Propóngales que, individualmente, escriban al menos dos frases similares a las que aparecen en esta actividad y que existan en su lengua materna. Deben escribirlas traducidas al español y leerlas al resto de la clase. ¿Creen que existen en español?

SOLUCIÓN

1 lirón **2** loro **3** lince **4** elefante **5** toro

4 Esta actividad les puede servir para cotejar la información de la actividad 3. Es posible que algunas de las frases que han propuesto aparezcan aquí. En caso de que no sea así, dígales si existen en español o no.

SOLUCIÓN

1 b **2** c **3** a **4** d **5** i **6** f **7** j **8** g **9** e **10** h

HABLAR

5 y 6 Ahora pueden recapitular todas las expresiones que han aparecido en las actividades anteriores y tratar de ejercitarlas. En parejas describen situaciones en las que se podrían utilizar las expresiones que han aprendido. Cada una describirá tres situaciones y proporcionará tres descripciones de animales. Después se puede hacer un concurso en clase.

LEER

7 Antes de lectura, preenseñe las palabras *algarabía, percatarse, opaco, inaudible, roedor* y *rugido*. A continuación, en parejas leen el texto "¿De qué hablan los animales?" y lo completan con los fragmentos que aparecen en la actividad. Después se corrige en voz alta en la clase. Para terminar comentan entre todos qué les ha parecido el texto, qué es lo que más les ha llamado la atención y si pueden aportar más información sobre el "habla" de los animales.

SOLUCIÓN

1 C **2** B **3** A **4** H **5** D **6** G **7** F **8** I **9** E

ACTIVIDAD EXTRA

Como trabajo para casa, proponga a sus alumnos que busquen más información sobre el "habla" de otros animales para exponerlo ante sus compañeros.
Deje unos días para que realicen la investigación y distribuya a los estudiantes para que expongan sus informaciones en diferentes días.

ESCUCHAR

8 Actividad de comprensión auditiva. Explique la situación: entrevista de radio al profesor Camo Meigert, organizador de la Expo Dinosaurios. Escuchan la entrevista dos veces y contestan a las preguntas. Corrigen en voz alta.

SOLUCIÓN

1 Su cabeza era enorme y medía 1,5 metros de longitud. **2** Dientes muy afilados y de 20 cm de longitud. **3** Era un animal carnívoro. **4** En América del Sur y en África. **5** Réplicas de dinosaurio en tamaño real, así como un interesantísimo documental sobre ellos.

B El clima

OBJETIVOS

Vocabulario: El tiempo atmosférico.
Comunicación: Hablar del cambio climático.
Gramática: Oraciones concesivas: *aunque, por más que.., por mucho que…, por muy… que…*

ANTES DE EMPEZAR

Para comenzar con el tema del clima, pregunte a sus alumnos: *¿Qué tiempo va a hacer hoy?, ¿Qué tiempo se prevé para el fin de semana?, ¿Y en vuestro país?*

VOCABULARIO

1 Invite a los alumnos a proponer todo el léxico que conozcan a partir de la observación del mapa de la página 120. Después de haber anotado en la pizarra todo el vocabulario que vaya saliendo, se les puede proponer que escriban para cada palabra su verbo correspondiente:
Viento: hace viento.
Lluvia: está lloviendo.
Soleado: hace sol.
Tormenta: hay tormenta.
Niebla: está nublado.
Granizo: está granizando.

ACTIVIDAD EXTRA

Para practicar el léxico del clima, haga que en la sesión siguiente preparen un mapa para que expliquen a sus compañeros qué tiempo va a hacer al día siguiente en España, algún país hispanoamericano, su país o el país donde estén. Luego pida voluntarios para que lo presenten al resto de la clase.

ESCUCHAR

2 Antes de escuchar, dígales que observen bien el mapa de España, ya que los locutores de la noticia hablan a mucha velocidad y deben situarse rápidamente. Escuchan la grabación y completan la información. ¿Aparece léxico diferente al que se ha visto en la actividad 1?

SOLUCIÓN

1 lloviznas intermitentes **2** cielos soleados **3** parcialmente nubosos **4** aguaceros tormentosos **5** granizadas **6** niebla **7** fuertes vientos **8** la Comunidad de Madrid

HABLAR

3 Actividad de interacción oral. En parejas, leen las afirmaciones que aparecen en la actividad, discuten si son verdaderas o falsas y por qué.

- Existe una página en internet, http://www.cambioclimatico.com que ofrece todo tipo de información relacionada con el cambio climático y las últimas noticias que ocurren en todo el mundo relacionadas con este tema. Imprima alguno de los artículos o titulares que aparecen en esta página web (y que estarán de plena actualidad) y utilícelos como pretexto para introducir expresiones como: *efecto invernadero, aumento del CO_2, capa de ozono*, etc.

GRAMÁTICA

Presentación esquemática del funcionamiento de las oraciones concesivas, con indicativo y subjuntivo. Lea detenidamente el cuadro con sus alumnos, pongan entre todos otros ejemplos y aclare las dudas.

- Ver pág. 160 del libro del alumno.

4 A continuación leen el artículo y contrastan sus respuestas. Pueden estar de acuerdo o no. Lo importante es que argumenten sus opiniones y empleen un léxico adecuado.
Ahora leerán de nuevo los textos para contestar a las preguntas de la actividad. En ellos aparecen recogidos varios fenómenos climáticos como los *huracanes, la sequía*, etc. Se puede utilizar esta actividad para presentar más léxico relacionado con fenómenos atmosféricos: *tsunamis, terremotos, erupciones volcánicas, tormentas intensas, inundaciones*, etc. No hace falta profundizar mucho en estos términos porque se verán más exhaustivamente en la siguiente sección.

SOLUCIÓN

1 C **2** A **3** B **4** D
a mientras que **b** Por eso **c** Sin embargo **d** a causa de **e** Tal vez **f** consecuencia **g** A pesar

5 Después de haber reflexionado sobre las oraciones concesivas y de leer el cuadro de gramática, en parejas completan los huecos de esta actividad. Cada pareja puede ir corrigiendo, en voz alta, una frase.

SOLUCIÓN

1 comiera **2** dieron **3** dicen/han dicho/dijeron **4** pudiera **5** está **6** hubiéramos salido **7** quisieran **8** se ponga **9** vaya **10** lloviera **11** trabajó

C Desastres naturales

OBJETIVOS
Comunicación: Hablar de catástrofes naturales.
Gramática: Formación de palabras: sufijación apreciativa, diminutivos y aumentativos.

ANTES DE EMPEZAR
Para introducir el tema de las catástrofes naturales, pida a los alumnos que hagan memoria e intenten recordar algún desastre natural que haya ocurrido en su país. Fomente que todos los estudiantes participen.

VOCABULARIO

1 En parejas deciden qué desastre natural corresponde a las descripciones. En cada descripción hay una palabra clave relacionada con el desastre natural. *(1. viento 2. profundidad, flotando 3. calor 4. grietas 5. llamas 6. malaria)*. Se les puede pedir que piensen en dos desastres naturales más, escriban sus correspondientes descripciones y señalen una palabra clave.

- Cada pareja irá leyendo sus descripciones en voz alta para que el resto de la clase pueda adivinar el desastre natural al que se están refiriendo.

SOLUCIÓN

1 huracán **2** inundación **3** sequía **4** terremoto **5** incendio **6** epidemia

2 Algunas de las palabras claves que destacábamos en la actividad anterior pueden ser verbos. En parejas completan las frases con los verbos del recuadro. Corrección con todo el grupo.

SOLUCIÓN

1 murieron de hambre **2** sacudió **3** barrió **4** sufrió **5** asoló

3 Actividad de comprensión lectora. Individualmente leen el texto "Volcanes" y eligen la opción más adecuada para las preguntas.

- Aproveche para trabajar el vocabulario. Proponga a los estudiantes que, en parejas, elaboren el campo semántico de los volcanes. Por ejemplo, los alumnos tendrían que anotar palabras como: *inactividad, cenizas, gases, lava*, etc.
- También puede pedir a los estudiantes que escriban los campos semánticos del resto de desastres naturales que han aparecido en la sección.

SOLUCIÓN

1 b **2** b **3** a

HABLAR

4 Distribuya a los estudiantes en grupos de cuatro para hablar de las cuestiones que se proponen en esta actividad. Durante el desarrollo de la misma, encárguese de que utilicen el vocabulario que se ha ido presentando. Para terminar, haga una puesta en común con todo el grupo con las opiniones de los estudiantes.

GRAMÁTICA

En este cuadro de gramática se presentan las formas y los usos de los diminutivos en español. Explique que los diminutivos se usan muchísimo en la lengua familiar, sobre todo cuando hay niños pequeños, con un valor altamente afectivo: *¡Lávate las* ***manitas****!*

- También cuando un escritor los utiliza en una narración da un toque afectivo. No obstante, tienen muchísimos otros valores emocionales, desde la ironía: *¡Vaya* **cochecito** *se ha comprado Rodrigo!* (Están hablando de un supercoche) o bien, despectivo: *María está demasiado* ***flacucha.***
- Ver pág. 160 del libro del alumno.

5 Actividad controlada para practicar los diminutivos. Individualmente completan las frases con el diminutivo de una de las palabras del recuadro. Pida voluntarios para la corrección.

SOLUCIÓN

1 ojitos **2** ratoncito/ratoncillo **3** mosquito **4** ladronzuelos **5** lentejuelas **6** cochecito **7** poquita **8** estrechita **9** amiguetes **10** sillín

ACTIVIDAD EXTRA

Haga un concurso de "diminutivos". Anime a sus alumnos a que escriban en un minuto todos los diminutivos que conozcan. Ganará el que haya escrito más diminutivos correctamente. Puede dar un premio simbólico.

D Comunicación y cultura

OBJETIVOS

Hablar y escuchar: Preguntar y dar opiniones.
Leer: Francisco de Goya.
Escribir: Correos formales.

HABLAR Y ESCUCHAR

1 Separe a los alumnos en parejas, y dígales que observen las dos imágenes que aparecen, elijan una cada uno y tomen nota de lo que les sugiere. Deje el tiempo que considere oportuno.

2 Con el libro cerrado, cada estudiante describe la foto que ha elegido en la actividad anterior.

3 Haga que relacionen las dos respuestas con dos de las preguntas. Deje tiempo para que lo hagan y se corrige con todo el grupo.

SOLUCIÓN

1 c
2 d

4 Actividad de interacción oral. El objetivo es, que, en gran grupo, se comenten todas las opiniones sobre las preguntas de la actividad 3. Haga que todos los estudiantes participen, y si lo cree oportuno, nombre un moderador para dar el turno de palabra.

COMUNICACIÓN

Cuadro de sistematización para la función "Dar y pedir opinión". Léalo con sus alumnos y añadan alguna otra expresión.

5 Fomente un debate para hablar del tipo de basura qué creen los alumnos que hay en el espacio y de dónde creen que procede. Deje tiempo antes de la puesta en común para que los estudiantes hablen sobre estas cuestiones e incluso tomen notan sobre ello.

6 Actividad de comprensión auditiva. Haga que los estudiantes cierren el libro, ponga la grabación y pídales que escuchen atentamente, y tomen notan si lo creen necesario. Después pregúnteles qué han entendido y haga que digan el máximo de información posible. Luego deje unos minutos para que lean las preguntas y ponga de nuevo la audición para que señalen si las afirmaciones son verdaderas o falsas. Haga un sondeo rápido para la corrección.

SOLUCIÓN

1 Verdadero.
2 Falso. (Las medidas adoptadas por la Organización Mundial de la Salud son más exigentes que las de la Unión Europea)
3 Falso. (El estudio se ha realizado en doce países europeos)
4 Verdadero.

7 Explíqueles que van a escuchar una entrevista a Penélope Carreño, experta en contaminación atmosférica y que tienen que elegir la respuesta correcta. Para ello ponga dos veces la grabación. Para la corrección puede proporcionar la transcripción (pág. 182 del libro del alumno).

SOLUCIÓN

1 b **2** a **3** a **4** b

LEER

1 Después de sondear a los estudiantes si saben quién es Goya, y en caso afirmativo que expliquen qué cuadros conocen, puede mostrar algún cuadro de Goya para ver si lo reconocen e ir haciendo preguntas como: *¿De qué época creéis que es?*, *¿Por qué?*, etc.
Se pueden proyectar cuadros muy representativos de su obra como: *Los fusilamientos del 3 de mayo*, *La maja desnuda*, *La maja vestida*, etc.
Proporcione una breve explicación de cada cuadro.

2 Entre varios alumnos voluntarios leen la biografía de Goya en voz alta y al finalizar, contestan entre todos si las afirmaciones de la actividad son verdaderas o falsas.

SOLUCIÓN

1 Falso. (Su obra más importante transcurrió cuando fue nombrado pintor de cámara de Carlos IV, en 1789)
2 Verdadero.
3 Falso. (No perdió la vista, se quedó sordo)
4 Falso. (Fue su sordera lo que le provocó una gran crisis interna)
5 Verdadero.
6 Falso. (Goya fue un precedente directo del impresionismo del siglo XIX y del expresionismo del siglo XX)

ESCRIBIR

1 Actividad de comprensión lectora. En esta actividad, los estudiantes, individualmente, leen los dos correos electrónicos.

2 En parejas contestan a las preguntas de la actividad y se corrigen entre todos. Si lo considera oportuno, lleve al aula algún ejemplo más de carta formal.

SOLUCIÓN

Correo A
1 Para domiciliar unos pagos en una cuenta a partir del mes siguiente.
2 Que se efectúen todos los pagos a favor de la empresa Materiales Digitales S.A.

Correo B
1 A la secretaria de alumnos de la Facultad de Filología de la Universidad Complutense de Madrid.
2 Solicitar información sobre el currículo de las asignaturas que va a cursar y sobre el alojamiento que ofrece la universidad.
3 Marco Aldana, estudiante de español en la Universidad de Salermo (Italia).

COMUNICACIÓN

Antes de pasar a la actividad 3, lea con sus alumnos el cuadro donde se explica cómo organizar la información en párrafos en los correos formales.

3 Cada alumno lee las dos cartas. Pídales que justifiquen por qué se trata de una carta formal. El objetivo es que los alumnos señalen características de la carta formal como: *saludos formales, tratamiento de usted, despedidas formales, nombres abstractos,* etc. A continuación haga que vuelvan a leer los dos correos y subrayen las expresiones que caracterizan al escrito formal.

SOLUCIÓN

Carta A: Señor director / Me dirijo a usted / Le ruego / Atentamente le saluda
Carta B: Estimado señor/a / Me gustaría pedirle / Agradeciéndole por adelantado su atención / me despido atentamente

4 Esta actividad se puede realizar individualmente o en parejas. Cuando hayan redactado el correo, coja dos o tres cartas al azar, y léalas en voz alta para comprobar que la información está dividida en párrafos, que las fórmulas de saludo y despedida son correctas, etcétera.

EJERCICIOS PRÁCTICOS (pág. 161)

1 **1** A pesar de que vivía en la ciudad, no iba mucho al teatro. // A pesar de que vivo en la ciudad, no voy mucho al teatro. // Aunque viva en la ciudad, no iré mucho al teatro. // Aunque viviera en la ciudad, no iría mucho al teatro. **2** Aunque tenía las vacaciones en agosto, no viajaba a la playa. // Aunque tengo las vacaciones en agosto, no viajo a la playa. // Aunque tenga las vacaciones en agosto, no viajaré a la playa. // Aunque tuviera las vacaciones en agosto, no viajaría a la playa. **3** Por más que estábamos muy concentrados, no conseguíamos entenderlo. // Por más que estamos muy concentrados, no conseguimos entenderlo. // Por más que estemos muy concentrados, no conseguiremos entenderlo. // Por más que estuviéramos muy concentrados, no conseguiríamos entenderlo. **4** Aunque decía la verdad, no me fiaba. // Aunque dice la verdad, no me fío. // Aunque diga la verdad, no me fiaré. // Aunque dijera la verdad, no me fiaría. **5** A pesar de que ganaban mucho dinero, no estaban contentos. // A pesar de que ganan mucho dinero, no están contentos. // A pesar de que ganen mucho dinero, no estarán contentos. // A pesar de que ganaran mucho dinero, no estarían contentos.

2 **1** e **2** g **3** a **4** i **5** c **6** d **7** h **8** b **9** f **10** j

3 **1** Por más que le dé, nunca tendrá bastante. **2** Por más que ahorre, nunca podrá comprarlo. **3** Por más que se lo explique, nunca conseguirá entenderlo. **4** Por más que le digan que se calme, siempre estará nervioso. **5** Por mucho que coma, nunca engordará. **6** Aunque sea muy alto, nunca jugará al baloncesto. **7** Por más que estudie, nunca aprobará. **8** Por mucho que ahorre, no conseguirá pagar sus deudas.

4 **1** prestamito **2** añitos **3** chiquitín / ojitos **4** despacito **5** nietecillo **6** cerquita/ callejuela **7** perilla **8** bolsillo **9** tacita **10** guapita / guapilla

Arte y literatura

12

A Ficciones

OBJETIVOS
Comunicación: Hablar de novela hispanoamericana.
Gramática: Preposiciones *por* y *para*.

ANTES DE EMPEZAR

Para introducir el tema de la sección llame la atención de los estudiantes sobre los tres novelistas de las fotografías y pregúnteles si los conocen, qué saben de ellos, si han leído alguna obra...
Prepare una breve biografía de los tres autores y expóngalo a los alumnos: los hechos biográficos más importantes de sus vidas, sus estilos y un resumen de sus novelas más destacadas.

1 La actividad tiene como objetivo tantear los conocimientos de los alumnos en relación a los autores de habla hispana y conocer sus hábitos de lectura. Puede preparar una actividad en la que presente nombres de autores hispanos y sus obras más conocidas para que los relacionen.

VOCABULARIO

2 En parejas (o individualmente) los alumnos buscan el significado de las palabras que aparecen en la actividad. Pueden ponerse en común las palabras que se conozcan y las que nadie sepa, las pueden buscar en el diccionario o proporcione el significado usted. Otra posibilidad: buscar estas palabras en el texto y que, en parejas, deduzcan su significado por el contexto.

LEER

3 Proponga la lectura del cuento "Estación de la mano" en parejas para contestar a las preguntas. Se corrigen las respuestas en voz alta entre todas las parejas de la clase. Aproveche la lectura del texto para hablar sobre Julio Cortázar, sus datos biográficos y obras más importantes, además de dar pinceladas sobre su estilo.

SOLUCIÓN

1 Una mano. **2** La amaba porque nada tenía de exigente y sí mucho de pájaro y hoja seca. **3** Para que al igual que el protagonista, cortara las páginas de los libros. **4** Que la mano se había enamorado de su mano izquierda, pues ella era diestra, y aprovechaba el sueño para raptar a la amada cortándola con un puñal. **5** Se despertó aterrado. **6** Por haber escondido el puñal.

4 Individualmente vuelven a leer el texto de Cortázar y buscan en el texto los adjetivos correspondientes a las definiciones. Haga una ronda rápida para la corrección.

- Esta actividad podría tener una segunda parte que consistiría en agrupar a los alumnos en parejas y pedirles que seleccionen tres palabras del texto, y que busquen un sinónimo o una definición. Cada pareja va diciendo sus tres sinónimos o definiciones y el resto de las parejas debe encontrar la palabra a la que están refiriéndose en el texto.

SOLUCIÓN

1 distraído **2** predilecto **3** exigente **4** deprisa **5** curiosas **6** diminuto **7** temerosa **8** diestra **9** desencantada

ESCUCHAR

5 Explique la situación: van a escuchar un programa de radio sobre el auge de la novela hispanoamericana en la segunda mitad del siglo XX, y tienen que tomar notas para hacer un resumen. Ponga una vez la grabación, deje tiempo para que tomen notas, y póngala de nuevo para que añadan o corrijan la información. Para la corrección proporcione la transcripción (pág. 182 del libro del alumno).

GRAMÁTICA

Antes de leer el cuadro, haga un sondeo y pida a sus alumnos que digan ejemplos con las preposiciones *por* y *para* y expliquen por qué se usa una u otra.

- Ver pág. 162 del libro del alumno.

6 Actividad controlada para practicar los distintos usos de la preposición *por*. Individualmente cada alumno trata de relacionar las frases con el valor que aporta la preposición *por*. Después se corrigen las dos actividades entre toda la clase y si lo considera necesario, proporcione más frases para que describan el valor de la preposición.

SOLUCIÓN

1 b **2** b **3** a **4** c **5** e **6** d **7** h **8** f **9** g

7 Se propone la misma mecánica que en la actividad anterior. Este ejercicio se basa en la sistematización de los distintos usos de la preposición *para*.

SOLUCIÓN

1 e **2** c **3** b **4** a **5** d

8 Para comprobar que han asimilado los usos de estas dos preposiciones, individualmente leen las frases y eligen la preposición adecuada en cada caso. Durante la corrección, haga que justifiquen por qué han usado esa preposición.

SOLUCIÓN

1 Para / por **2** por **3** para **4** Para **5** por **6** para **7** Por **8** Para **9** por **10** Para **11** por **12** por **13** por **14** por

9 Individualmente completan las preguntas con *por* o *para*. Se corrige con todo el grupo.

SOLUCIÓN

1 Para **2** Por **3** Para **4** Por **5** Para **6** Por **7** Para

B Turismo cultural

OBJETIVOS

Vocabulario: Léxico del arte.
Comunicación: Hablar de monumentos.
Gramática: La voz pasiva.

ANTES DE EMPEZAR

Haga que los estudiantes expongan al resto de la clase si les gusta el turismo cultural y en caso afirmativo que cuenten a sus compañeros cuándo fue el último viaje de turismo cultural que hicieron, qué visitaron, qué fue lo que más les gustó...

1 Proporcione a los alumnos más fotografías de otros monumentos modernos, árabes, góticos o románicos, y vaya explicando a cuál pertenece cada fotografía y por qué. De esta forma explicaría dos o más características de cada estilo. Estas imágenes de monumentos y la explicación les servirá para relacionar las fotos con su estilo y tal vez con los textos de la actividad 2.

SOLUCIÓN

1 b **2** d **3** c **4** a

LEER

2 Actividad de comprensión lectora. Los alumnos leen los textos y los relacionan con el monumento correspondiente. Para la corrección, pida voluntarios para que lean los textos en voz alta y digan la solución.

- En esta actividad hay algunos términos específicos de arquitectura y arte que quizás sea necesario consultar en un diccionario o en internet: *bóveda de cañón, arco de medio punto, naves de crucero, ábsides*... Lo más oportuno sería disponer de imágenes para ilustrar los términos.

SOLUCIÓN

1 b **2** d **3** c **4** a

3 Teniendo en cuenta los textos y la imágenes de las actividades anteriores, individualmente relacionan las frases con los monumentos. Durante la corrección con todo el grupo, haga que señalen en los textos dónde han encontrado la información.

SOLUCIÓN

1 Iglesia de San Martín. **2** La Giralda. **3** Museo de las Ciencias Príncipe Felipe. **4** La Giralda. **5** Catedral de Burgos. **6** Catedral de Burgos. **7** Iglesia de San Martín. **8** Catedral de Burgos. **9** Catedral de Burgos. **10** Iglesia de San Martín

ESCRIBIR Y HABLAR

4 El alumno puede tomar como modelo alguno de los cuatro textos que aparecen en la actividad 2. Pueden hacerlo en parejas y no escribir el nombre del monumento que están describiendo. De esta manera se pueden repartir las descripciones entre las otras parejas y así tendrán que adivinar a qué monumento se están refiriendo las descripciones.

ESCUCHAR

5 Antes de escuchar la grabación, pueden trabajar en pequeños grupos. Reparta a cada grupo dos o tres palabras de las que aparecen en el recuadro. Cada grupo tiene que averiguar el significado de dichas palabras. Proporcione los medios necesarios para hacerlo: acceso a internet, un diccionario, etc.

- El objetivo es que cada grupo explique sus términos y todo el mundo comprenda las palabras que aparecen en el recuadro.
- Una vez que ya se haya explicado el léxico, escucharán la descripción del guía y señalarán si las afirmaciones son verdaderas o falsas.

SOLUCIÓN

1 Falso. (La iglesia fue fundada por San Francisco de Asís.)
2 Falso. (Fue reconstruida en la segunda mitad del siglo XIX)
3 Falso. (La cúpula tiene 33 metros de diámetro.)
4 Verdadero.
5 Verdadero.
6 Falso. (El pintor fue Antonio González Velázquez.)

ACTIVIDAD EXTRA

Escriba en la pizarra el primer párrafo de la grabación: *La iglesia de San Francisco el Grande* ***fue construida*** *sobre el antiguo convento de Jesús y María. Según la tradición, el convento* ***había sido fundado*** *por el propio San Francisco de Asís en el año 1217 sobre una ermita anterior.*
Llame la atención sobre "fue construida" y "había sido fundado" y aproveche para retomar la información de la actividad 4 y preguntarles acerca del monumento que describieron en dicha actividad: *¿Sabéis por quién fue construido ese monumento?, ¿Sabéis si ha sido restaurado en alguna ocasión?*, etc.
Esto le permitirá explicar la formación de la pasiva con *ser* y su uso.

GRAMÁTICA

Invite a sus estudiantes a leer el cuadro sobre la voz pasiva y explique la forma impersonal con *ser* y la pasiva con *ser* y *estar*. Pongan más ejemplos y aclare todas las dudas.

- Ver pág. 162 del libro del alumno.

6 Individualmente hacen este ejercicio que les servirá para comprobar si han entendido bien la forma pasiva con el verbo *ser*. Deje tiempo para que completen las frases y corríjalo con todo el grupo.

SOLUCIÓN

1 fue destruido **2** fue perdonado **3** fue reconstruido **4** fue llevada a cabo **5** fue interrumpida.

C ¿Sigues pintando?

OBJETIVOS

Comunicación: Describir obras de arte.
Gramática: Valor y uso de las perífrasis verbales.

ANTES DE EMPEZAR

Para comenzar esta sesión, haga un sondeo para saber si a sus alumnos les interesa el arte, si van a museos de pintura, cuál es su pintor/escultor favorito...

1 En parejas completan las conversaciones con las formas del recuadro. Corrigen la actividad entre todos y pregunte a cada pareja el significado de cada una de las formas del recuadro para que hagan una frase con dicha forma.

SOLUCIÓN

1 empezó a pintar / lleva... exponiendo
2 se echó a reír
3 tiene vendidos
4 viene a costar / ha dejado de ser
5 acaba de terminar / volver a trabajar

GRAMÁTICA

Lea con sus estudiantes el cuadro de las perífrasis verbales, aclare las dudas y pídales que vuelvan a leer las conversaciones de la actividad 1 y busquen otros ejemplos.

- Ver pág. 162 del libro del alumno.

2 Pueden hacer esta actividad individualmente para que cada uno compruebe si ha entendido bien el significado de cada perífrasis.

SOLUCIÓN

1 a
2 a
3 c
4 a
5 c

3 Actividad controlada para practicar las perífrasis. Individualmente leen las frases y las completan con una de las perífrasis del recuadro. Se corrige con todo el grupo.

SOLUCIÓN

1 debe de tener
2 he vuelto a ver
3 llevo corregidos
4 sigue cantando
5 viene a sacar
6 llevo diciendo

4 En este ejercicio, los alumnos, individualmente, tienen que construir perífrasis con la información dada. Corrección en grupo.

SOLUCIÓN

1 Le dijeron que su padre había fallecido y se echó a llorar.
2 Ángel lleva tocando el violín diez años. / Ángel sigue tocando el violín.
3 Mi madre se ha vuelto a operar de la rodilla.
4 Ese chalé debe de costar un millón de euros.
5 El gobierno debe tomar medidas contra la corrupción.
6 Mayte lleva durmiendo nueve horas.

ESCRIBIR Y HABLAR

5 Pueden hacer esta actividad en parejas o pequeños grupos. Para que las oraciones sean más reales pueden situarlas en un contexto determinado. Como alternativa, puede proponer que introduzcan un mínimo de dos errores en los cinco ejemplos para que el resto de la clase los detecte.

ACTIVIDAD EXTRA

Después de haber trabajado las perífrasis verbales en esta unidad, puede realizar esta actividad al día siguiente o al cabo de unos días para recordar el uso de estas perífrasis.
Proponga crear un argumento para una novela. Explique los pasos a seguir:
1.º Tienen que pensar en los personajes. Para ello, divida la clase en pequeños grupos y cada uno propone un personaje y su descripción.
2.º Cada grupo describe en voz alta el personaje que han inventado y, mientras, usted vaya escribiendo en la pizarra el nombre y su descripción.
3.º Entre todos irán proponiendo la relación que existe entre cada personaje.
4.º Reparta a cada estudiante una tarjeta con una perífrasis (si hay más alumnos en el aula se repiten las perífrasis, si no hay suficientes, se reparte más de una perífrasis a cada alumno):

llevar + gerundio
seguir + gerundio
dejar de + infinitivo
tener que + infinitivo
haber que + infinitivo
deber de + infinitivo
volver a + infinitivo
venir a + infinitivo
acabar de + infinitivo
tener + participio
empezar a + infinitivo
echarse a + infinitivo

5.º Comience la historia y pida a un alumno que la continúe. Este tiene que seguir la historia utilizando la perífrasis que le ha tocado.

D Comunicación y cultura

OBJETIVOS
Hablar y escuchar: Sugerir y opinar.
Leer: Miguel de Cervantes.
Escribir: Una descripción.

HABLAR Y ESCUCHAR

1 Antes de completar la conversación entre Santiago y Cristina, lea con los estudiantes las expresiones del recuadro para asegurarse de que lo entienden todo. A continuación, individualmente lo leen y lo completan.

SOLUCIÓN

1 Podríamos 2 Qué tal si 3 si 4 Te parece si

2 Los estudiantes leen de nuevo el diálogo anterior y señalan dos frases para pedir opinión, dos frases para mostrar acuerdo y dos frases para mostrar desacuerdo. Haga una ronda rápida para la corrección.

SOLUCIÓN

1 ¿Se te ocurre algo? / ¿Qué te parece? 2 Es verdad. / Vale, no se hable más. 3 No, no me parece una buena idea. / No, no me gusta.

3 Actividad de interacción oral. Tomando como modelo el diálogo de la actividad 1, en parejas, los alumnos tienen que ponerse de acuerdo para comprar un regalo de cumpleaños para un familiar o un amigo. Durante la realización de la actividad, pasee por las mesas para aclarar las posibles dudas.

4 Explique la situación: van a escuchar la conversación entre dos amigos, Esther y Javier, que hablan sobre sus estudios universitarios, e individualmente tienen que señalar si las afirmaciones son hechos o son opiniones. Haga una puesta en común para las soluciones.

SOLUCIÓN

1 Hecho 2 Opinión 3 Hecho 4 Hecho 5 Opinión

5 Ponga dos veces la grabación para que señalen si las frases son verdaderas o falsas. Durante la corrección haga que justifiquen sus respuestas.

SOLUCIÓN

1 Verdadero. 2 Verdadero. 3 Falso. (Después de terminar la carrera quiere hacer un máster) 4 Falso. (Está terminando Química) 5 Verdadero.

6 Distribuya la transcripción de la grabación (pág. 183 del libro del alumno) para que los alumnos subrayen la información que relacionan con las frases 1-5 de la actividad 4. Se corrige en parejas.

SOLUCIÓN

1 La carrera de Historia requiere más esfuerzo del que yo pensaba: tengo que leer un montón de libros, ir a conferencias, entregar trabajos... 2 ¡Qué pena! 3 Así puedo perfeccionar mi inglés antes de terminar la carrera. 4 Cuando empecé a estudiar Químicas en la universidad... 5 Quiero hacer un máster y estoy buscando información sobre becas en algunas universidades de Estados Unidos o Canadá.

LEER

1 Prepare algunas cuestiones como: *¿Alguien sabe quién es Miguel de Cervantes?, ¿Cómo se llama su obra más famosa?, ¿Alguien conoce el título de alguna otra obra?, ¿Cómo era físicamente?, ¿Su físico tenía algo característico?, El día de su muerte, 23 de abril, se celebra algo en España, ¿sabes qué es?*, etc.

2 Entre varios alumnos leen el texto en voz alta y van contestando directamente a las cuestiones que se les ha planteado en la actividad anterior.

3 Proporcione más información acerca de Miguel de Cervantes y de *El Quijote*. Con toda esta información, en parejas tienen que elaborar diez preguntas que escribirán cada una en una tarjeta. Después, junte todas las tarjetas y podrán jugar al trivial.

ESCRIBIR

1 y **2** Invite a los alumnos a mirar el cuadro que aparece y a que digan todo lo que les sugiere el cuadro: si tiene poca o mucha luz, si los personajes están tristes o contentos, qué objetos aparecen en el cuadro, etc.

- Entre todas las aportaciones se puede ir haciendo una descripción en la pizarra.
- Después de esta puesta en común, un alumno lee la descripción que aparece en el libro y comparan si las descripciones coinciden.

3 Pida a los estudiantes que busquen los adjetivos que aparecen en el texto y también los que han ido diciendo ellos. Puede invitarlos también a buscar los antónimos de los adjetivos que aparecen en la descripción del libro para que vayan aumentando su vocabulario: *claro, flojo, fácil, inexpresivo, elitista, extraño*, etc.

SOLUCIÓN

oscurecido / intenso / difícil / colgada / fotográfico / expresivas / populares / familiar

4 Para facilitar la actividad puede llevar al aula fotografías de cuadros o puede dejarles que elijan un cuadro que a ellos les guste especialmente. Es importante que se planteen las cuestiones que aparecen en la actividad, y que vayan hilando la descripción de manera similar a como aparece en el modelo de descripción de la actividad anterior.

- Esta actividad la pueden realizar en parejas o individualmente. Cuando hayan finalizado su descripción, muestre los cuadros que han descrito y reparta entre los alumnos las descripciones que ellos mismos han realizado. Propóngales que relacionen cada cuadro con su descripción.

EJERCICIOS PRÁCTICOS (pág. 163)

1 **1** para **2** para **3** para **4** para **5** para / por **6** para **7** Para **8** Por **9** Para **10** por **11** por **12** por **13** por **14** por **15** por **16** para

2 **1** El discurso del Presidente se oyó en todo el país. **2** En Palencia se han descubierto los restos de una villa romana. **3** Se analizarán todas las pruebas aportadas por la defensa. **4** La exposición de Chillida se comentó mucho por la prensa extranjera. **5** Se ha encontrado el arma homicida del asesinato del viernes pasado. **6** Estos zapatos se hicieron con material reciclado. **7** Se ha celebrado el III Congreso Internacional de la Lengua Española en México. **8** Se han celebrado las fiestas de la naranja en los pueblos valencianos. **9** Se confiscarán los móviles a los estudiantes durante el examen. **10** Esta iglesia se restauró en 1890.

3 **1** Juan llevas dos horas viendo la tele, apágala ya. **2** ¿Cuánto tiempo llevas casado con Marta? **3** Acabo de ver a Pepe en el ascensor. **4** Mi hermano dejó de estudiar a los 14 años para trabajar. **5** Bueno, regular. Estábamos tomando el sol tranquilamente y empezó a llover. **6** Manuel se rompió el brazo hace dos años y este año se lo ha vuelto a romper. **7** Llevo esperando el autobús desde hace media hora. **8** Juan debe de tener más de 60 años, ya está jubilado. **9** Deben de ser las tres o las tres y media. **10** El profesor de Pablo me dijo que tenía que estudiar más, si quería aprobar todas las asignaturas.

AUTOEVALUACIÓN (Unidades 11 y 12)

1 **1** Los fenómenos naturales extremos que han devastado amplias zonas de la Tierra. **2** Dentro de cinco años habrá 50 millones de personas huyendo del deterioro del medioambiente. La mitad de ellas tendrá que abandonar sus hogares por culpa, entre otras cosas, de las sequías y las inundaciones. **3** Un terremoto de nueve grados en la escala de Ritcher en el océano Índico. **4** Riadas en Afganistán, Argelia, Francia...; incendios en Australia, Canadá, Portugal, España...; olas de calor en la India; terremotos en Indonesia, Irán, Chile, Pakistán; sequías en África del Sur... **5** Antonio Mestre piensa que en los últimos años se detecta una tendencia al aumento de ciertos fenómenos metereológicos extremos, como olas de calor o inundaciones. Pero también la explosión de las telecomunicaciones logra que nos llegue mucha más información que hace 30 o 40 años, cuando estos fenómenos pasaban más desapercibidos. **6** Sí, aunque no está comprobado.

2 **1** había **2** tenía **3** tenía **4** estaba **5** murió **6** dejaron **7** vivía **8** decía **9** era **10** ayudaba **11** era **12** iba/había ido **13** sabía **14** prestara **15** podía/podría **16** era **17** comenzó **18** tengo **19** estaba **20** echaran **21** bastó **22** olvidó/olvidaba **23** volvía **24** fue **25** abrió **26** cogió **27** había cogido **28** Sigue **29** comenzó

EXÁMENES

Nombre:

1 Completa las siguientes frases.
(____ / de 10 puntos)

1 ¿________ cuándo estudias español?
2 ¿________ países te gustaría visitar?
3 ¿________ es tu actriz española favorita?
4 ¿________ zanahorias más necesitas para la ensalada?
5 ¿________ veces a la semana practicas algún deporte?
6 ¿________ has puesto las llaves? No las encuentro.
7 ¿________ de los dos hermanos te gusta más?
8 ¿________ son los invitados?
9 ¿________ has escondido el mando a distancia?
10 ¿________ es eso que tienes ahí?, enséñamelo.

2 Subraya la opción adecuada.
(____ / de 12 puntos)

1 Estamos a 20 de diciembre y todavía no *hemos hecho / hicimos / hacíamos* las compras de Navidad.
2 Mi padre se *indignó / indignará / indignaba* mucho cada vez que mi hermana *traía / trajo / ha traído* a su novio a casa.
3 Carlos, *aprovecharás / has aprovechado / aprovechabas* mejor el tiempo si *lees / leerás / has leído* un libro.
4 Dijeron que *fueron / iban / irán* de vacaciones al Algarbe, pero luego *resultó / resultaba / resultará* que era mentira, que *habían estado / estarán / están* en Alicante.
5 ¿Ya te *han operado / habían operado / operaron* de la rodilla cuando empezaste a jugar a golf?
6 Este mes *ha sido / fue / es* una locura; mi hermana *se casó / había casado / ha casado* ayer y *tuvimos / tenemos / habíamos tenido* que preparar todo lo de la boda en muy poco tiempo.

3 Completa con el verbo en el tiempo adecuado del pasado. (____ / de 10 puntos)

Joana (1) __________ (conocer) a David en octubre de 1989 en el instituto. Los dos (2) __________ (asistir) a la misma clase, él (3) __________ (tener) la costumbre de sentarse al final de todo y Joana (4) __________ (enamorarse) a primera vista. (5) __________ (empezar) a salir en abril del año siguiente. Recuerdo que (6) __________ (ser) viernes y que (7) __________ (haber) una fiesta. Dos años más tarde Joana (8) __________ (irse) a la universidad y él (9) __________ (conocer) a otra chica de mi ciudad. Nunca más (10) __________ (volverse) a ver.

4 Completa las frases con la palabra adecuada.
(____ / de 10 puntos)

1 A ver, ¿quién tiene el __________ de la tele? Quiero ver la Vuelta Ciclista que empieza a las cinco y no lo encuentro.
2 Mete pronto el helado en el __________ para que no se estropee.
3 Luis, ¿puedes pasar la __________ a toda la casa?, hay mucho polvo por las obras de la calle.
4 ■ ¿Tienes un cazo para calentar la leche?
● Mejor caliéntala en el __________.
5 Escuché tu mensaje en el __________ cuando llegué a casa.
6 Clara, mete el pollo en el __________ y ponlo a 200 °C durante una hora.
7 Para hacer una buena mayonesa casera lo primero que necesitas es una __________.
8 Cierra bien el __________. Está goteando y me pone nerviosa.
9 ¿Dónde habrá puesto Emilio el __________? Tengo que colar el té y no lo encuentro.
10 Voy a tener que comprar una __________ más grande para poder freír patatas para todos.

5 Haz suposiciones para las situaciones siguientes.
(____ / de 8 puntos)

1 El bebé no para de llorar.
(tener) ____________________
____
2 No contesta nadie al teléfono.
(salir) ____________________
____
3 Los metieron en la cárcel.
(atracar un banco) ____________________
____
4 Llegaron tarde a clase.
(perder el autobús) ____________________
____
5 Se acostó y no apagó las luces del jardín.
(olvidar las luces encendidas) ____________________
____
6 No funciona la lavadora.
(haber roto) ____________________
7 Juan no ha venido a la excursión.
(estar enfermo) ____________________
8 Han venido dos horas más tarde a la reunión
(equivocarse) ____________________

6 Localiza y corrige los errores de las frases.
(____ / de 5 puntos)

1 Me molestó mucho que no me llames para mi cumpleaños.

____

2 A Mercedes le pone nerviosa que su marido ronca.

____

3 Antes me sacaba de quicio que la gente no es puntual.

____

4 Me da pena que tuvieras que irte tan pronto.

____

5 ¿A ti no te pone nerviosa que tus alumnos masticaran chicle en clase?

____

7 Termina las frases.
(____ / de 5 puntos)

1 A mis amigos les extrañó que ______________________________.

2 A mí antes me ponía nervioso/a que ______________________________.

3 Nos encantó que ______________________________.

4 Le preocupaba que ______________________________.

5 ¿Te ha molestado que ______________________________?

8 Completa las frases con el tiempo adecuado de los verbos del recuadro.
(____ / de 5 puntos)

cobrar • avisar • ir llevar • denegar

1 Nos fastidiaba bastante que Rosana y tú no __________ de vuestros planes.

2 A ellos no les sorprendió que les __________ el permiso de residencia, pues no tenían ningún contrato de trabajo.

3 A los turistas les molestó muchísimo que les __________ por entrar al parque.

4 Al final nos quedamos con el perro porque nos daba pena que lo __________ a la perrera.

5 A tus abuelos les gustaría que __________ a verlos más a menudo.

9 Escribe un artículo para una revista describiendo cómo crees que será la vida cotidiana dentro de treinta años. Utiliza unas 120 palabras.
(____ / de 20 puntos)

10 En parejas tenéis que hablar durante diez minutos sobre las cosas que os molestan, os gustan, os ponen nerviosos, os sacan de quicio, etc. de la gente de vuestro país y de la gente española. Ahora escribe las conclusiones: ¿en qué coincidís tu compañero y tú? (____ / de 15 puntos)

Nombre:

1 Completa la receta de cocina con los verbos adecuados. (____ / de 5 puntos)

Para hacer este plato, lo primero que debes hacer es (1) __________ la carne con sal y pimienta. A continuación, coge una cebolla, un ajo y un pimiento rojo y (2) __________ muy finos. Calienta aceite en una sartén y pon todo a (3) __________ durante diez minutos. Si quieres, puedes (4) __________ más verduras a la sartén como, por ejemplo, calabacín o berenjena. Cuando hayan pasado los diez minutos, pon en una fuente la carne y las verduras y (5) __________ todo a 150 °C durante una hora.

2 Completa las frases con la forma adecuada de los verbos del recuadro. (____ / de 10 puntos)

ver • ir • ser • hacer • marcharse • tener
enfermar • regresar • saber • separarse

1 Quédate aquí hasta que todos __________ a su casa
2 Después de todo lo que __________ por él, se marchó sin darle las gracias.
3 ¿Quién acompañó a Laura al ambulatorio cuando __________?
4 Yo pondré al corriente de todo a Pedro en cuanto __________ de su viaje.
5 Elena tenía en su mesita de noche una foto hecha poco antes de que su madre __________.
6 ¿Qué haría el director cuando __________ lo ocurrido?
7 Ricardo había vivido en aquella casa con Julia hasta que __________ dos años antes.
8 Sabremos cómo han ido las elecciones cuando __________ el telediario de las ocho.
9 Llámame, tan pronto como __________ posible.
10 No te podré dar la herencia de tus abuelos hasta que no __________ la mayoría de edad.

3 Completa las frases con la forma adecuada del verbo. (____ / de 5 puntos)

1 Si no me __________ (devolver) el dinero que te presté, habrás perdido un amigo.
2 Si la película no __________ (acabar) tan tarde, habríamos ido a cenar después del cine.
3 Si (tú) __________ (ir) ayer al dentista, no te dolería tanto ahora esa muela.
4 Si tus padres no nos __________ (prestar) el dinero, no podremos comprarnos ese piso.
5 Si te enteras de algo, __________ (llamar a mí), por favor.

4 ¿A qué parte del cuerpo se refiere? (____ / de 10 puntos)

1 Tenemos dos y se suele decir que no debemos apoyarlos en la mesa mientras comemos. __________
2 La usamos para oler. __________
3 La parte donde se articulan la mano y el antebrazo. __________
4 Articulación que permite doblar las piernas. __________
5 Parte trasera del pie. __________
6 Parte donde se unen el pie y la pierna. __________
7 Parte del cuerpo que une la cabeza con el tronco. __________
8 Se dice que algo viene como "anillo al __________" cuando es muy adecuado.
9 Parte del cuerpo de donde nacen los brazos. __________
10 Muchas mujeres se las pintan, tanto las de las manos como las de los pies. __________

5 ¿Qué expresiones corresponden a estas definiciones? En todas aparece una parte del cuerpo. (____ / de 5 puntos)

1 Estudiar mucho.
____
2 Tener una relación muy estrecha con otra persona.
____
3 Burlarse de algo.
____
4 No hacer nada por alguien (o solucionar algún problema).
____
5 Ayudar a alguien.
____

6 Completa la tabla. (____ / de 10 puntos)

Adjetivo	Nombre
1 sincero	
2 honesto	
3 libre	
4 raro	
5 triste	
6 profundo	
7 capaz	
8 fácil	
9 rico	
10 paciente	

7 Termina las frases con una oración de relativo con preposición. (____ / de 10 puntos)

1 Mira, Rosa, este es el chico ____________________.

2 Ayer vi al actor ____________________.

3 Esta es la casa ____________________.

4 No encuentro el papel ____________________.

5 No sé cuál fue la causa ____________________.

6 Sofía es una chica ____________________.

7 No conozco a nadie ____________________.

8 Hemos saludado en el gimnasio al profesor ____________________.

9 Ahí está el compañero ____________________.

10 Han abierto una escuela de español ____________________.

8 Completa con *el / lo + (que) / (de)*. (____ / de 10 puntos)

1 ________ más me fastidia es que no me hayas dicho nada del dinero hasta hoy.

2 El motivo por ________ le han despedido es un misterio.

3 ________ mejor es que abandones la carrera si te encuentras mal.

4 Con ________ te has gastado en la moto, podrías haberte comprado un buen ordenador.

5 Por favor, ven ________ más pronto que puedas.

6 Al final, creo que ellas no se enteraron de ________ Federico.

7 El profesor dijo que ________ se portara mal no volvería a venir de excursión nunca más.

8 No salió reelegido el alcalde a pesar de todo ________ había hecho por su ciudad.

9 ¿Este libro es ________ ese escritor nuevo, tan bueno?

10 ¿Estás seguro de que este es el mismo camino por ________ vinimos?

9 Intercambia oralmente con un compañero alguna receta típica de tu país. A continuación, escríbela. (____ / de 20 puntos)

10 Escribe un artículo para una revista española que hable sobre la adopción en tu país. (120 palabras) (____ / de 15 puntos)

Nombre:

1 Completa las frases con las palabras del recuadro. (____ / de 7 puntos)

hipoteca • cartilla de ahorros • sueldo • cheque
préstamo • descuento • tarjeta de crédito

1 Hemos tenido que pedir un ________ al banco para hacer frente a nuestras deudas.
2 Jamás me han subido el ________ desde que trabajo aquí.
3 La ropa de esta tienda tiene un ________ del 20% en la ropa de bebé.
4 Cuando compramos la casa, solicitamos una ________ en un banco internacional.
5 Tengo que ir a cobrar un ________ al banco. ¿Vienes?
6 Mañana tengo que ir al banco a poner al día la ________.
7 No pude comprar el regalo. Olvidé la ________ en casa.

2 Completa la tabla. (____ / de 10 puntos)

Nombre	Adjetivo
1 ruido	
2 peligro	
3 trimestre	
4 fama	
5 comercio	
6 cerebro	
7 gracia	
8 espacio	
9 crimen	
10 economía	

3 Escribe diez frases con cada uno de los adjetivos anteriores. (____ / de 10 puntos)

Me molestan las personas ruidosas.

1 ________
2 ________
3 ________
4 ________
5 ________
6 ________
7 ________
8 ________
9 ________
10 ________

4 Completa las frases con el tiempo adecuado. (____ / de 7 puntos)

1 Mucha gente cree que la televisión solo sirve para ________ (entretener).
2 Intentó llegar antes de las doce para que sus padres no le ________ (reñir).
3 Te llamé para que ________ (venir) a ver la actuación.
4 Sube el volumen de la radio para ________ (oír, nosotros) mejor las noticias.
5 Quiere comprarse un piso e irse a vivir solo con el fin de que su padre lo ________ (dejar) en paz.
6 Ángela se ha cambiado de casa para ________ (estar) más cerca del trabajo.
7 Cierra la ventana, Fernando, para que ________ (haber) corriente.

5 Completa con la forma adecuada del verbo. (____ / de 5 puntos)

1 Como mi hermana no ________ (aparecer) por ningún lado, la llamamos por teléfono.
2 Carmen no salió, no porque su padre no se lo ________ (permitir), sino porque ella no quiso.
3 Marina llegó tarde porque ________ (encontrarse) un accidente en la autopista.
4 No porque ________ (ser, nosotros) más viejos, tenemos que ser más inteligentes.
5 Los médicos hicieron lo posible porque ________ (vivir, ella) lo más dignamente que pudiera.

6 Reescribe una frase uniendo la siguiente información. Utiliza los conectores más adecuados. (____ / de 5 puntos)

1 Mucha gente habla mal de los hermanos Fernández. No los conoce.
____
2 Los móviles son fáciles de utilizar. Mucha gente los usa.
____
3 Me gusta leer los periódicos. No me gustan las revistas.
____
4 Llamo a mis padres por teléfono todos los días. Viajo mucho.
____
5 El jefe no me sube el sueldo. Quiere que trabaje más horas extras.
____

7 Completa el crucigrama. (____ / de 6 puntos)

1 Persona que se dedica a crear el formato y la encuadernación del periódico.
2 Profesional de la publicidad.
3 Persona o entidad que publica un periódico valiéndose de las distintas técnicas de reproducción.
4 Persona que forma parte de la redacción de un periódico.
5 Encargado de redactar el pronóstico del tiempo.
6 Redactor o colaborador que tiene a su cargo una columna o sección fija en una publicación periódica.

8 Completa las frases con el nombre de las diferentes secciones de un periódico. (____ / de 10 puntos)

1 Mi padre siempre lee la sección ____________. Le gusta saber lo que pasa en el resto del mundo.
2 Yo siempre consulto la ____________ para saber a qué hora son las películas en el cine de mi barrio.
3 Últimamente no lee más que ____________. Está buscando piso.
4 Mi abuelo siempre consulta la sección de ____________ y se lamenta de que muera mucha gente joven.
5 Yo siempre busco los ____________. Me encantan los crucigramas y las sopas de letras.
6 El fin de semana vamos a la montaña. Tengo que mirar antes el ____________.
7 Me gusta mucho leer las ____________ para saber qué piensa o de qué se queja la gente.
8 Manuel solo lee la sección de ____________ del periódico. Le apasiona el fútbol.
9 Siempre que quiero saber qué actividades culturales hay en la ciudad, lo busco en la sección ____________ de *El barrio*.
10 Lo primero que miro son los ____________, para saber cómo me va a ir el día.

9 Has comprado por internet una cámara de vídeo, pero además de tardar mucho tiempo en enviártela, no funciona bien. Escribe una carta de reclamación a la empresa. (____ / de 20 puntos)

10 Habla con tu compañero sobre la televisión: qué programas ve, cuántas horas al día, es positiva o negativa... Después escribe un resumen de la información que él te ha proporcionado. (____ / de 20 puntos)

Nombre:

1 Completa las frases con una palabra relacionada con el cine. (____ / de 7 puntos)

1 La ________ de esta película ha sido compuesta por un famoso grupo musical de nuestro país.
2 Tu hermano me ha dejado leer el ________ de su próxima película y me ha encantado.
3 Ellos se han presentado a un ________ para participar en la próxima película de Amenábar.
4 El ________ en el que se rodaron algunas escenas de la última película es el mismo que se utilizó para la película anterior.
5 Tengo que reconocer que el ________ de la actriz principal es muy difícil de interpretar, pero ella lo ha hecho fenomenal.

2 Completa la sinopsis de la película *La escopeta nacional* con las preposiciones que faltan. (____ / de 22 puntos)

Jaime Canivell, fabricante catalán (1) ______ porteros electrónicos, asiste (2) ______ una cacería (3) ______ los alrededores (4) ______ Madrid (5) ______ codearse (6) ______ gente importante y hacer negocios. (7) ______ este modo, conoce (8) ______ un viejo marqués y (9) ______ su hijo onanista, (10) ______ una estrella (11) ______ cine masoquista amante (12) ______ un ministro, (13) ______ un príncipe extranjero y (14) ______ todo un grupo (15) ______ gente (16) ______ cual más dispar.
Después vendrá un secuestro, un ataque (17) ______ hemiplejía, una usurpación (18) ______ níscalos, un reajuste ministerial, una partida (19) ______ bingo y muchas cosas más (20) ______ la disparatada comedia que inició la saga (21) ______ los Legineche completada (22) ______ *Patrimonio Nacional* y *Nacional II*.

3 Completa la ficha de la siguiente película. (____ / de 5 puntos)

(1) ____________: *Ópera prima*
(2) ____________: *Fernando Trueba*
(3) ____________: *Matías, un joven periodista de 25 años, divorciado y con un hijo pequeño, pasea su amargura por Madrid, hasta que se enamora de su prima, Violeta, una joven estudiante de violín de 19 años que vive en la Plaza de Ópera.*
(4) ____________: *Óscar Ladoire y Paula Molina.*
(5) ____________: *Es una película entretenida y divertida.*

4 Completa el diálogo conjugando correctamente los verbos. (____ / de 9 puntos)

- ■ Me ha encantado nuestra primera clase de batuka. La profesora es encantadora y me parece que (1) ________ (ser) una buena profesional.
- ● Sí, yo también creo que (2) ________ (ir, nosotras) a aprender mucho con ella, aunque no sabía que la batuka (3) ________ (ser) tan completa.
- ■ Tienes razón, ¡no sabía que (4) ________ (suponer) tanto esfuerzo!, estoy agotada.
- ● No creo que en la próxima sesión (5) ________ (sudar, nosotras) tanto...
- ■ ¡Esperemos que sí! A mí no me parece que sudar (6) ________ (ser) tan malo, todo lo contrario...
- ● No sabía que (7)... ________ (gustar, a ti) tanto sudar...
- ■ No es que me guste, pero me he dado cuenta de que (8) ________ (sentirse, yo) muy bien después de practicar batuka. Creo que (9) ________ (disfrutar, nosotras) mucho en las próximas clases.

5 Elige la opción correcta. En algunos casos pueden valer las dos. (____ / de 5 puntos)

1 Veo que todavía no ________ el patrón para tu uniforme
a has confeccionado
b hayas confeccionado

2 No vio que los muebles ________ descolocados.
a estaban
b estuvieran

3 En ningún momento supuso que lo ________ a descubrir por sus huellas.
a iban
b fueran

4 Carmela nunca pensó que Lucas ________.
a regresara
b regresaría

5 ¡No sabía que tus padres ________!
a volvían
b volverían

6 Completa las siguientes frases con el correspondiente tiempo de subjuntivo.
(____ / de 8 puntos)

1 Es una lástima que no ________ (prevenir, vosotros) a vuestros hijos contra los peligros de las drogas.
2 Cuando ________ (comprobar, ellos) que no tienen las llaves, te llamarán.
3 Me molestó que no ________ (asistir, tú) al funeral.
4 Nunca imaginé que ________ (mantener, ellas) una relación con su vecino.
5 No creo que ________ (ponerse, tú) el jersey que te regalé.
6 Nos encantaría que ________ (reponerse, él) de la trágica noticia.
7 Me molesta que no ________ (aprobar, tú) el examen.
8 ¡No me parece que el accidente ________ (ser) a propósito!

7 Completa con *ser* o *estar*.
(____ / de 8 puntos)

1 Marina es una alumna excelente. Siempre ________ atenta a todo lo que dice la profesora en clase.
2 Fuimos a verte porque ________ muy interesados en conocer el desenlace de la historia de tu familia.
3 El cuento ________ escrito en una lengua vernácula.
4 Tu hermano ________ imposible, debe de ser cosa de la edad.
5 Nunca hace los deberes y cuando llega a clase me los pide, ________ un fresco.
6 ________ imposible hacerle entrar en razón.
7 Antonio ________ informado por el gobierno de la situación actual en su país.
8 No salgas a la calle sin abrigo. ¡________ fresco!

8 Escribe el verbo correspondiente.
(____ / de 6 puntos)

1 Trozo: ________
2 Gordo: ________
3 Delgado: ________
4 Edificio: ________
5 Viejo: ________
6 Joven: ________

9 Elige el verbo más adecuado en las siguientes frases. (____ / de 12 puntos)

1 Aquella mañana ***amanecía / amaneció*** lluviosa y con neblina, a pesar de que el hombre del tiempo siempre ***se equivocaba / se equivocó***.
2 La profesora ***explicará / explicaría*** la lección mientras los alumnos ***ven / vean*** la presentación en Power Point.
3 ***Había / Hubo*** una vez una princesa que ***vivía / vivió*** en un castillo y que cuando ***estornude / estornudaba***, ***se convierta / se convertía*** en rana.
4 El cazador ***disparaba / disparó*** al tigre y este ***caía / cayó*** fulminado y justo cuando ***caía / cayó*** el cazador ***se desmayaba / se desmayó***.

10 Escribe una historia con las siguientes expresiones temporales: *al principio, finalmente, antes de que, después, mientras* y *cuando*.
(____ / de 18 puntos)

Nombre:

1 Sustituye las expresiones en cursiva por otras que signifiquen lo mismo. (____ / de 5 puntos)

- (1) *En mi opinión* ________________, la gente debería ser más emprendedora.
- (2) *Soy de tu misma opinión* ________________, el problema es que es un poco arriesgado.
- (3) *Llevas razón* ________________, (4) *lo que pasa es que* el gobierno no ayuda mucho a la gente emprendedora. Si hubiera más ayudas, habría más emprendedores.
- (5) *No creo que sea así* ________________. Hay ayudas por parte del gobierno, el problema es cuando llega la jubilación...

2 Completa las frases con la forma adecuada del verbo. (____ / de 8 puntos)

1 Cuando ____________ (herir, él) sus sentimientos, se dará cuenta de cómo es.
2 En cuanto ____________ (comenzar, vosotros) la jornada laboral, no os veremos más.
3 Hasta que no ____________ (verificar, tú) tus datos, no te dejarán salir.
4 Tan pronto como ____________ (conseguir, ellos) salir de la autopista, te llamarán.
5 Como no ____________ (rehacer, tú) tu vida, no saldrás adelante.
6 Cuando ____________ (saber, yo) la noticia, te avisé.
7 Como ____________ (acercarse, vosotros) tanto a la televisión, tendréis problemas con la vista.
8 Si no ____________ (proponerse, nosotros) unos objetivos claros, no podremos terminar a tiempo.

3 Corrige los errores de género que hay en las siguientes frases. (____ / de 8 puntos)

1 Tu nuero se dejó olvidado el maletín en nuestra casa. ____________
2 La famosa criminala fue detenida cuando huía de la policía. ____________
3 La orquesta contrató a un violinisto sordomudo. ____________
4 La pilota nos avisó por megafonía justo en el momento del despegue. ____________
5 La jefe de policía se acercó a felicitarnos por nuestra hazaña. ____________
6 Pedro fue el víctima número dieciséis de aquel trágico accidente. ____________
7 Vimos una gorila en el zoo de la ciudad griega que visitamos hace un par de días. ____________
8 Contratamos una abogado para que nos defendiese en el juicio. ____________

4 Escribe el femenino. (____ / de 10 puntos)

1 el sacerdote ____________
2 el guitarrista ____________
3 el locutor ____________
4 el soldado ____________
5 el barrendero ____________
6 el asesor ____________
7 el tigre ____________
8 el juez ____________
9 el caballo ____________
10 el dependiente ____________

5 Completa las frases con la forma adecuada del verbo. (____ / de 6 puntos)

1 Ha amenazado con despedirme en caso de que ____________ (volver, yo) a llegar tarde.
2 Dijo que se dormiría siempre y cuando ____________ (soñar, ella) con su gran amor.
3 Aprobaré las oposiciones con tal de que ____________ (caer) un tema de los que he estudiado.
4 A no ser que la administración ____________ (realojar) a los damnificados, dormirán en la calle.
5 El jugador propuso al club ser traspasado en caso de que algún otro club ____________ (querer a él).
6 Adriana habría triunfado, siempre que ____________ (desistir) de su empeño.

6 Escribe un sinónimo. (____ / de 10 puntos)

1 Robo pequeño: ____________
2 Engaño: ____________
3 Casado con dos personas a la vez: ____________
4 Raptar: ____________
5 El que comete un delito: ____________
6 Tributos: ____________
7 Matar a alguien: ____________
8 Condena: ____________
9 Atracar: ____________
10 Imputado: ____________

7 Elige la opción correcta. (____ / de 6 puntos)

1 El juez de guardia, ***absolvió / revocó*** al ladrón de joyas.
2 El delincuente había ***percibido / concurrido*** una gran suma de dinero.
3 Al actuar de aquella manera ***vulneró / revocó*** una ley del código penal.
4 Todos escucharon atentamente el ***acceso / fallo*** del jurado.
5 La ***magistrada / sentencia*** fue dictada a favor de la parte más perjudicada.
6 Aquel permiso fue ***revocado / cometido*** un mes después de que fuese dictado.

8 Completa las siguientes frases con el tiempo verbal adecuado. (____ / de 6 puntos)

1 Siempre dije que mientras no __________ (poseer, yo) aquel tesoro, no sería completamente feliz.
2 Mientras __________ (prever, vosotros) lo que iba a pasar, nosotros ya los sabíamos a ciencia cierta.
3 El médico les dijo que siempre que __________ (contraer, ellos) aquella enfermedad, tendrían fiebre muy alta.
4 Siempre que __________ (sujetar, él) la cuerda con los dientes, esta se le soltaba.
5 No obtendrás toda la información mientras no __________ (reproducir, tú) las escenas en tu mente.
6 Mientras Pilar __________ (creer) a Antonio, no habría ningún tipo de problema.

9 Completa con el léxico adecuado. Todas las palabras están relacionadas con el coche. (____ / de 5 puntos)

Manuel conducía muy deprisa aquella noche. Llevaba las manos fuertemente agarradas al (1) __________ y los (2) __________ a tope por la escasa visibilidad que había a causa de la lluvia torrencial [...] De repente, se dio cuenta de que sus (3) __________ no alumbraban bien. ¡No podía ser!, ¡los había revisado hacía unos pocos días! Frenó bruscamente, bajó del coche y abrió el (4) __________. Allí encontró las herramientas necesarias para repararlos. Necesitaba una linterna, así que entró en el coche y abrió la (5) __________. Siempre guardaba una allí, dentro de una pequeña caja para emergencias...

10 Relaciona. (____ / de 10 puntos)

1 presión de	a acondicionado
2 nivel de	b las ruedas
3 líquido de	c seguridad
4 correa del	d repuesto
5 depósito de	e aceite
6 cinturón de	f aire
7 filtro del	g frenos
8 rueda de	h mecánico
9 aire	i agua
10 taller	j ventilador

11 Completa las siguientes frases con la forma adecuada del verbo. (____ / de 6 puntos)

1 Cuando haya un año bisiesto, te concederé el regalo que __________ (pedir a mí, tú).
2 No existe ningún juez que __________ (absolver, a vosotros) de la pena que os merecéis.
3 ¿Alguna vez te has planteado comprar un coche que __________ (mantenerse) con poco dinero?
4 El fiscal ha dicho que culpará a quien __________ (revocar) la orden ministerial.
5 Se culpará a los que __________ (contradecir) la primera versión.
6 Han encarcelado al cuñado de tu hermana porque __________ (recibir) sobornos de sus superiores cada vez que hacía la vista gorda.

12 Escribe una carta de presentación solicitando un empleo como intérprete de español para un directivo de una empresa. (____ / de 20 puntos)

1 ¿A qué expresiones corresponden las siguientes situaciones? (____ / de 6 puntos)

1 Alguien con una gran musculatura.

____

2 Alguien que no se fía mucho.

____

3 Alguien que es capaz de retener mucha información.

____

4 Alguien con la capacidad de ver una aguja en un pajar.

____

5 Alguien que no las tiene todas consigo.

____

6 Alguien que tiene una jornada laboral de 18 horas.

____

2 Completa las frases con el tiempo adecuado. (____ / de 5 puntos)

1 Aunque la gente __________ (abstenerse) de fumar, la contaminación de las ciudades no mermaría.
2 El problema del paro no cesará por mucho que las administraciones __________ (aunar) esfuerzos en un futuro próximo.
3 El tiempo continuará poco estable por más que __________ (persistir) altas presiones en el Atlántico.
4 Estoy segura de que, aunque __________ (soplar) vientos fuertes, la regata saldrá a su hora.
5 Por más que __________ (insistir, vosotros) no sirvió de nada, al final se salieron con la suya.

3 ¿A qué desastre natural se refieren las siguientes frases? (____ / de 6 puntos)

1 La lava descendía por la ladera de la montaña.

____

2 La desertización que padece el sur de España comienza a ser preocupante.

____

3 Aquel torbellino violento de aire que giraba sobre sí mismo avanzaba hacia una población cercana.

____

4 Las llamas asolaron los bosques que rodeaban la ciudad.

____

5 Aquella ola gigante se adentró varios metros en la población costera.

____

6 Los temblores o sacudidas comenzaron a altas horas de la noche.

____

4 Completa la tabla. (____ / de 9 puntos)

Nombre	Adjetivo
1 sol	
2 nube	
3 viento	
4 niebla	
5 tormenta	
6 lluvia	
7 calor	
8 meteorología	
9 clima	

5 Corrige los diminutivos que hay en las siguientes frases. (____ / de 8 puntos)

1 La mamá recriminó a su hijo pequeño aquella actitud cleptómana. Eres un ladroncillo, le gritó.

____

2 Carlos y Abel son unos buenos amiguísimos.

____

3 Encontró un ratonito en la despensa de la cocina.

____

4 El ciclista cambió tres veces la sillita de la bicicleta durante la cuarta etapa del tour. __________
5 Espérame en la cafetería, solo tardaré un ratazo.

____

6 Tu cuñada trajo unos panillos riquísimos. ¡Creo que los ha elaborado ella misma! __________
7 Le cayó una buena regañona por llegar tarde aquella noche. __________
8 El traje regional iba adornado con numerosas lentejitas. __________

6 Completa las frases con las preposiciones *por* o *para*. (____ / de 10 puntos)

1 Suspendió la asignatura ________ no acudir al 80% de las clases.
2 Mándame la reserva del hotel ________ correo electrónico.
3 Quedó tan exhausto que, ________ competir en la siguiente prueba, necesitó dos horas de descanso.
4 ¿Has venido solamente ________ decirme eso?
5 ________ el gobierno es una buena medida, en cambio, yo no opino lo mismo.
6 Primero haremos una parada en el albergue y después ya nos vamos ________ tu casa.
7 Le han concedido la custodia de su hijo ________ presentar aquellos informes.
8 Estoy loco ________ ir a esquiar.
9 Voy a correr todos los días ________ la tarde.
10 ________ ir al instituto, tengo que coger el autobús.

7 ¿A qué se refiere? (____ / de 10 puntos)

1 Capilla o santuario generalmente pequeño: ________.
2 Casa o monasterio en la que viven religiosos: ________.
3 Bóveda: ________.
4 Montículo elevado en el que se celebran ritos religiosos: ________.
5 Edificio o sala de planta circular: ________.
6 Tela preparada para pintar sobre ella: ________.
7 Edificio de culto religioso para los musulmanes: ________.
8 Galería alrededor del patio principial de una iglesia o convento: ________.
9 Iglesia principal de una ciudad: ________.
10 Lugar con fines turísticos donde se muestran objetos: ________.

8 Encuentra en las frases un error relacionado con la voz pasiva y la forma impersonal *se*. (____ / de 5 puntos)

1 El edificio se destruyó por la empresa de demolición García S.A. ________
2 No podrá acudir a la celebración porque está realmente abatiendo. ________
3 Los atletas fueron sancionadas por ocultar los números de sus dorsales. ________
4 La mujer se delató por sus compinches. ________
5 Me encantaría que las obras de mi casa ya estuviera terminada. ________

9 Completa con perífrasis verbales. (____ / de 5 puntos)

1 ■ ¿Y en cuánto dices que te salen las clases de baile?
• Me ________ unos 45 € al mes.
2 ■ ¡Me encanta ese cantante!
• Pues solo ________ 1000 CD en lo que va de año.
3 ■ Ha expuesto sus cuadros desde que era pequeño y…
• *(Con ironía)* ¡Ya les gustaría a sus padres que su hijo ________ desde hace tanto tiempo!
4 ■ ¡Qué dices! ¿Otra vez?
• Sí, Andrés ________ suspender.
5 ■ Lo siento mucho por ti, Andrés.
• ________ más, si quieres aprobar.

10 Lee el resumen de *El Quijote* y encuentra seis errores. (____ / de 6 puntos)

El Quijote narra la historia dun hidalgo que se volvió loco de tan leer novelas de caballerías. Se creía que era un caballo y salió con su caballo viejo y su amigo Sancho Panza a resolver problemas de la gente que encontraba y sobre todo, a combatir la injusticia. Sus éxitos los dedicaba a su dama, Dulcinea del Toboso. Tras su periplo, corre muchas aventuras y conoce bastantes sinsabores. Casi nunca acaba apaleado y malherido, como ocurre en la aventura de los molinos, que él cree que son gigantes enemigos con los que se enfrenta. Antes de muchas peripecias, don Alonso Quijano regresa a morir a su casa, junto a los suyos.

11 Escribe una noticia de unas 120 palabras sobre alguna catástrofe natural que hayas visto u oído por televisión. (____ / de 15 puntos)

12 Escribe el resumen del argumento de tu libro favorito. (____ / de 15 puntos)

Solucionario de los exámenes

UNIDADES 1-2

1 **1** Desde **2** A qué **3** Cuál **4** Cuántas **5** Cuántas **6** Dónde **7** Cuál **8** Quiénes **9** Dónde **10** Qué

2 **1** hemos hecho **2** indignaba / traía **3** aprovecharás / lees **4** iban / resultó / habían estado **5** habían operado **6** ha sido / se casó / tuvimos

3 **1** conoció **2** asistían **3** tenía **4** se enamoró **5** Empezaron **6** era **7** había **8** se fue **9** conoció **10** se han vuelto

4 **1** mando a distancia **2** frigorífico **3** aspiradora **4** microondas **5** buzón de voz **6** horno **7** batidora **8** grifo **9** colador **10** sartén

5 **1** Tendrá fiebre. **2** Habrán salido. **3** Habrán atracado/Atracarían un banco. **4** Perderían/habrán perdido el autobús. **5** Habrá olvidado/Olvidaría las luces encendidas. **6** Se habrá roto. **7** Estará enfermo. **8** Se habrán equivocado.

6 **1** ~~llames~~: llamaras **2** ~~ronca~~: ronque **3** ~~es~~: fuera **4** ~~tuvieras~~: tengas **5** ~~masticaran~~: mastiquen

7 Actividad libre. Tienen que completar con presente de subjuntivo o pretérito imperfecto de subjuntivo.

8 **1** avisarais **2** denegaran **3** cobraran **4** llevaran **5** fuerais

9 Actividad libre.

10 Actividad libre.

UNIDADES 3-4

1 **1** condimentar **2** pícalos/córtalos **3** pochar/rehogar **4** añadir **5** hornea

2 **1** se marchen **2** ha hecho **3** fue **4** regrese **5** enfermara **6** supiera **7** se separaron **8** veamos **9** sea **10** tengas

3 **1** devuelves **2** hubiera acabado **3** hubieras ido **4** prestan **5** llámame

4 **1** codos **2** nariz **3** muñeca **4** rodilla **5** talón **6** tobillo **7** cuello **8** dedo **9** hombro **10** uñas

5 **1** Hincar los codos **2** Ser uña y carne **3** Tomar el pelo **4** No echar una mano **5** No mover un dedo

6 **1** sinceridad **2** honestidad **3** libertad **4** rareza **5** tristeza **6** profundidad **7** capacidad **8** facilidad **9** riqueza **10** paciencia

7 Actividad libre. Tienen que emplear correctamente un relativo con preposición y continuar la frase con sentido.

8 **1** Lo que **2** el que **3** Lo **4** lo que **5** lo **6** lo de **7** el que **8** lo que **9** el de **10** el que

9 Actividad libre.

10 Actividad libre.

UNIDADES 5-6

1 **1** préstamo **2** sueldo **3** descuento **4** hipoteca **5** cheque **6** cartilla de ahorros **7** tarjeta de crédito

2 **1** ruidoso **2** peligroso **3** trimestral **4** famoso **5** comercial **6** cerebral **7** gracioso **8** espacioso **9** criminal **10** económico

3 Actividad libre.

4 **1** entretener **2** riñeran **3** vinieras **4** oír **5** deje **6** estar **7** haya

5 **1** aparecía **2** permitiera **3** se encontró **4** seamos **5** viviera

6 Actividad libre. El objetivo de la actividad es que use los conectores de la sección 6c y los aplique correctamente.

7 **1** maquetista **2** publicista **3** editor **4** redactor **5** meteorólogo **6** columnista

8 **1** internacional **2** cartelera **3** anuncios por palabras **4** necrológicas **5** pasatiempos **6** tiempo **7** cartas al director **8** deportes **9** cultural **10** horóscopos

9 Actividad libre.

10 Actividad libre.

UNIDADES 7-8

1 **1** banda sonora **2** guion **3** *casting* **4** plató **5** papel

2 **1** de **2** a **3** en **4** de **5** para **6** con **7** De **8** a **9** a **10** a **11** de **12** de **13** a **14** a **15** de **16** a **17** de **18** de **19** de **20** en **21** de **22** por

3 **1** Título **2** Director **3** Argumento **4** Actores **5** Opinión personal

4 **1** es **2** vamos **3** era/fuera **4** supusiera **5** sudemos **6** sea **7** te gustaba/te gustara **8** me siento **9** disfrutaremos

5 **1** a **2** a/b **3** b **4** b **5** a

6 **1** prevengáis **2** comprueben **3** asistieras **4** mantuvieran **5** te pongas **6** se repusiera **7** hayas aprobado **8** haya sido

7 **1** está **2** estábamos **3** está **4** está **5** es **6** Es **7** ha sido **8** Está

8 **1** trocear **2** engordar **3** adelgazar **4** edificar **5** envejecer **6** rejuvenecer

9 **1** amaneció / se equivocaba **2** explicará / ven **3** Había / vivía / estornudaba / se convertía **4** disparó / cayó / caía / se desmayó

10 Actividad libre. El objetivo es que utilice correctamente las expresiones temporales y use el tiempo verbal adecuado.

UNIDADES 9-10

1 Actividad controlada. Las opciones de sustitución de las expresiones serían las siguientes:
Expresar la opinión: Yo creo que / Opino que / Pienso que / Me parece que / En mi opinión / Para mí
Expresar acuerdo: Estoy (totalmente) de acuerdo / Llevas razón / Soy de tu misma opinión / Es verdad / Por supuesto que sí
Poner objeciones/contrastar: Lo que pasa es que / Sin embargo / No obstante / Bueno, sí, pero por otro lado
Expresar desacuerdo: No estoy de acuerdo / No llevas razón / ¡Qué va! / No creo que sea así

2 **1** hiera **2** comencéis **3** verifiques **4** consigan **5** rehagas **6** supe **7** os acerquéis **8** nos proponemos

3 **1** ~~nuero~~: yerno **2** ~~criminala~~: criminal **3** ~~violinisto~~: violinista **4** ~~pilota~~: la piloto **5** ~~jefe~~: la jefa **6** ~~el víctima:~~ la víctima **7** ~~una~~: un gorila **8** ~~abogado~~: abogada

4 **1** la sacerdotisa **2** la guitarrista **3** la locutora **4** la soldado **5** la barrendera **6** la asesora **7** la tigresa **8** la juez/la jueza **9** la yegua **10** la dependienta

5 **1** vuelva **2** soñara **3** caiga **4** realoje **5** lo quisiera **6** hubiera desistido

6 **1** hurto **2** fraude **3** bígamo **4** secuestrar **5** delincuente **6** impuestos **7** asesinar **8** pena **9** robar **10** acusado

7 **1** absolvió **2** percibido **3** vulneró **4** fallo **5** sentencia **6** revocado

8 **1** poseyera **2** preveíais **3** contrajeran **4** sujetabas **5** reproduzcas **6** creyera

9 **1** volante **2** limpiaparabrisas **3** faros **4** maletero **5** guantera

10 **1** b **2** e **3** g **4** j **5** i **6** c **7** f **8** d **9** a **10** h

11 **1** me pidas **2** os absuelva **3** se mantenga **4** revoque **5** contradigan **6** recibió.

12 Actividad libre.

UNIDADES 11-12

1 **1** Fuerte como un toro. **2** Estar mosqueado. **3** Tener una memoria de elefante. **4** Tener una vista de lince. **5** Por si las moscas. **6** Trabajar como una mula.

2 **1** se abstuviera **2** aúnen **3** persistan **4** soplen **5** insististeis

3 **1** volcán **2** sequía **3** tornado **4** incendio **5** maremoto o tsunami **6** terremoto

4 **1** soleado **2** nuboso **3** ventoso **4** nublado **5** tormentoso **6** lluvioso **7** caluroso **8** metereológico **9** climático

5 **1** ~~ladroncillo~~: ladronzuelo **2** ~~amiguísimos~~: amiguetes **3** ~~ratonito~~: ratoncito **4** ~~la sillita~~: el sillín **5** ~~ratazo~~: ratito **6** ~~panillos~~: panecitos **6** ~~regañona~~: regañina **8** ~~lentejitas~~: lentejuelas

6 **1** por **2** por **3** para **4** para **5** Para **6** para **7** por **8** por **9** por **10** Para

7 **1** ermita **2** convento **3** cúpula **4** altar **5** rotonda **6** lienzo **7** mezquita **8** claustro **9** catedral **10** museo

8 **1** fue destruido **2** está realmente abatido **3** fueron sancionados **4** fue delatada **5** estuvieran terminadas.

9 Actividad controlada. El empleo de otros verbos puede ser correcto siempre que utilicen una perífrasis verbal correcta. **1** vienen a costar **2** lleva vendidos **3** llevara exponiendo **4** ha vuelto a **5** Debes estudiar/Tienes que estudiar

10 **1** ~~dun~~: de un **2** ~~tan~~: tanto **3** ~~caballo~~: caballero **4** ~~Tras~~: Durante **5** ~~nunca~~: siempre **6** ~~Antes~~: Después

11 Actividad libre.

12 Actividad libre.